Themen neu

Lehrwerk für Deutsch als Fremdsprache

Arbeitsbuch 1

von
Heiko Bock
Karl-Heinz Eisfeld
Hanni Holthaus
Uthild Schütze-Nöhmke

Max Hueber Verlag

Verlagsredaktion: Werner Bönzli
Layout und Herstellung: Erwin Schmid
Illustrationen: Joachim Schuster, Baldham (Situationszeichnungen)
             Ruth Kreuzer, Mainz (Sachzeichnungen)
Umschlagfoto: © Rainer Binder, Bavaria Bildagentur, Gauting
Fotos: Seite 12: alle Fotos Süddeutscher Verlag, Bilderdienst, München
       Seite 15: links und Seite 16: Franz Specht, Melusinen-Verlag, München
       Seite 15 rechts: Werner Bönzli
Cartoon Seite 106: © Walt Disney Productions, Frankfurt/Main

3. 2. | Die letzten Ziffern bezeichnen
1996 95 94 93 | Zahl und Jahr des Druckes.
Alle Drucke dieser Auflage können, da unverändert,
nebeneinander benutzt werden.
1. Auflage
© 1992 Max Hueber Verlag, D-8045 Ismaning
Gesamtherstellung: Ludwig Auer GmbH, Donauwörth
ISBN 3-19-011521-4

Inhalt

Vorwort

In diesem Arbeitsbuch zu „Themen neu" 1 werden die wichtigen Redemittel jeder Lektion einzeln herausgehoben und ihre Bildung und ihr Gebrauch geübt. Alle Übungen sind einzelnen Lernschritten im Kursbuch eindeutig zugeordnet.

Jeder Lektion ist eine Übersicht über die Redemittel vorangestellt, die in der betreffenden Lektion gelernt werden. Diese Übersicht ist sowohl eine Orientierungshilfe für die Kursleiterin oder den Kursleiter als auch eine Möglichkeit der Selbstkontrolle für die Lernenden: nach Durchnahme der Lektion sollte ihnen kein Eintrag in dieser Liste mehr unbekannt sein. Die Autoren empfehlen nicht, diese Listen als solche auswendig zu lernen – das Durcharbeiten der Übungen setzt einen effizienteren Lernprozeß in Gang.

Zu den meisten Übungen gibt es im Schlüssel eine Lösung. Dies ermöglicht es den Lernenden, selbständig zu arbeiten und sich selbst zu korrigieren. Zusammen mit dem Kursbuch und evtl. einem Glossar kann dieses Arbeitsbuch dazu dienen, versäumte Stunden selbständig nachzuholen.

Die Übungen des Arbeitsbuchs können im Kurs vor allem nach Erklärungsphasen in Stillarbeit eingesetzt werden. Je nach den Lernbedingungen der Kursteilnehmer können die Übungen aber auch weitgehend in häuslicher Einzelarbeit gemacht werden. Eine Ausnahme bildet Übung 6 in Lektion 9; für diese Übung wird die Kassette 3.1521, „Hörtexte", benötigt. (Über die Möglichkeit, die Lösungen aus dem Schlüssel abzuschreiben, sollte man sich nicht allzu viele Gedanken machen. Oft ist der Lernerfolg dabei fast ebensogroß. Manche Lernende lassen sich von dem Argument überzeugen, daß das Abschreiben meistens wesentlich mühsamer ist als ein selbständiges Lösen der Aufgabe.)

Nicht alle Übungen lassen sich im Arbeitsbuch selbst lösen; für manche Übungen wird also eigenes Schreibpapier benötigt.

Verfasser und Verlag

Wortschatz

Verben

arbeiten 13,14
buchstabieren 10
fragen 10, 16
haben 14
heißen 7
hören 11

kommen 13
leben 13
lernen 14
lesen 12, 14, 16
machen 12, 17
meinen 13

möchten 14
reisen 15
schreiben 10, 16
sein 7, 18
spielen 12, 15, 16, 17
sprechen 16, 17

studieren 14, 16
warten 18
werden 14
wohnen 10

Nomen

Alter 14
Ausländerin / Auslän-
  der 13
Beruf 14
Deutschland 13
Eltern 13
Familienname 10
Familienstand 14
Fotograf 16
Frau 7, 21
Geburtstag 18
Hausfrau 14

Herr 7
Hobby, Hobbys 14, 15
Jahre 14
Kauffrau / Kaufmann
  14, 17
Kind, Kinder 13, 14
Kurs 10
Land 16
Leute 14
Lösung 13
Mechaniker 15, 17
Monat, Monate 17

Name 7, 8
Ort 11, 20
Österreich 14
Postkarte, Postkarten
  11, 21
Postleitzahl, Postleit-
  zahlen 11
Reiseleiterin / Reiselei-
  ter 8
Schülerin / Schüler 14
Schweiz 14
Seite 13

Sekretärin 17
Straße 10
Studentin / Student 16
Tag, Tage 7, 17
Telefon 10, 21
Telefonnummer 10
Vorname 10
Wohnort 10, 14
Zahl, Zahlen 11

Adjektive

alt 14
berufstätig 15
frei 17

geschieden 15
gut 7, 8, 9, 15, 17
klein 14

ledig 15
neu 17
verheiratet 14

Adverbien

bitte 10
da 12, 13
erst 17

etwa 13
hier 12, 17
jetzt 14, 16

leider 18
nicht 12
noch 17

noch einmal 10, 12
schon 17
übrigens 17

Funktionswörter

aber 14, 17
aus 13
das 7
dein 10
denn 13, 18

in 10
ja 8
man 10
mein 7
mit 16, 20

nein 8
und 7, 9, 10, 13, 14
von 11
was? 13, 19
wer? 7

wie? 7
wieviel? 12
wo? 18
woher? 13
wohin? 18

Lektion 1

Ausdrücke

Ach so! 17, 19	Danke, gut.	Guten Abend! 9	Macht nichts. 12
Auf Wiedersehen! 8	Danke schön! 10	Guten Morgen! 9	Wie bitte? 7
Bitte schön! 10	Entschuldigung! 12	Guten Tag! 7	Wie geht es Ihnen?
Danke! 9	Es geht. 9	Hallo! 9	zur Zeit 14

Grammatik

Personalpronomen und Verb (§ 22, 24)

Ich wohne …
Wohnst du …? / Wohnen Sie …?
Er wohnt … / Sie wohnt …
Wir wohnen …
Wohnt ihr …? / Wohnen Sie …?
Sie wohnen …

heißen	sein	haben
ich heiße	ich bin	ich habe
du heißt	du bist	du hast
er heißt	er ist	er hat
	wir sind	wir haben
	ihr seid	ihr habt
	sie sind	sie haben

Woher? (§ 10)

aus Deutschland
aus Österreich
aus der Schweiz
aus …

Wohin? (§ 10)

nach Deutschland
nach Österreich
in die Schweiz
nach … / in d…

Satzstrukturen (§ 31, 32 und 33)

Wortfrage:	*Satzfrage:*	*Aussagesatz:*
Wie heißen Sie?	Sind Sie Frau Beier?	Ich heiße Beier.
Wie geht es Ihnen?	Geht es Ihnen gut?	Es geht.
Wie schreibt man das?	Schreibt man das mit „ie"?	Das schreibt man mit „h".
Wer ist das?	Ist das die Reiseleiterin?	Ja, das ist die Reiseleiterin.
Wer ist da?	Ist da nicht Gräfinger?	Nein, hier ist Lehmann.
Wo wohnen Sie?	Wohnen Sie in Düsseldorf?	Nein, ich wohne in Essen.
Woher kommt Julia?	Kommt Julia aus Leipzig?	Julia kommt aus Dortmund.
Wohin möchtet ihr?	Möchtet ihr nach Wien?	Ich möchte nach Zürich.
Was machen Sie?	Sind Sie Arzt?	Nein, ich bin Ingenieur.
Was sind Sie von Beruf?	Wartet ihr schon lange?	Es geht.

1. Ergänzen Sie.

Nach Übung

2

im Kursbuch

bin/heiße   Sind   ~~heißen~~   bin   heißt   sind   ist   bin   bist   ~~heiße~~   ist

a) ○ Wie _____*heißen*_____ Sie?
   □ Ich _____*heiße*_____ Paul Röder.

b) ○ Wie _____ du?
   □ Mein Name _____ Sabine.

c) ○ Wer _____ Herr Lüders?
   □ Das _____ ich.

d) ○ _____ Sie Frau Sauer?
   □ Ja, das _____ ich.

e) ○ Wer _____ du?
   □ Ich _____ Christian.

f) ○ Wer _____ Sie?
   □ Ich heiße Paul Lüders.

2. Was paßt?

Nach Übung

2

im Kursbuch

Das bin ich.
Mein Name ist Mahler.
Nein, mein Name ist Beier
Nein, ich heiße Beier.
~~Guten Tag! Ich heiße Sauer.~~
Ich heiße Paul.
~~Guten Tag! Mein Name ist Sauer.~~
Mein Name ist Paul.
Ich heiße Mahler.

a) ○ Guten Tag! Ich heiße Beier.
   □ *Guten Tag! Mein Name ist Sauer.*
     Guten Tag! Ich heiße Sauer.

b) ○ Wer ist Herr Lüders?
   □ _____

c) ○ Wie heißen Sie?
   □ _____
     _____

d) ○ Sind Sie Frau Röder?
   □ _____
     _____

e) ○ Wie heißt du?
   □ _____
     _____

Lektion 1

Nach Übung

2

im Kursbuch

3. Ergänzen Sie.

| ist | sind | bin | bist | -e | -en | -t |

a) ○ Wer *ist* Frau Beier?
   □ Das _____ ich.
   Und wer _____ Sie?
   ○ Mein Name _____ Sauer.

b) ○ Wie heiß_____ du?
   □ Ich heiß_____ Sabine. Und du?
   ○ Mein Name _____ Lea.

c) ○ Wie heiß_____ Sie?
   □ Ich heiß_____ Röder. Und Sie?
   ○ Mein Name _____ Werfel.

d) ○ Ich heiß_____ Christian.
   Und wer _____ du?
   □ Mein Name _____ Lea.

Nach Übung

3

im Kursbuch

4. Ihre Grammatik: Ergänzen Sie.

	ich	du	Sie	mein Name/wer?
sein	*bin*			
heißen				

Nach Übung

3

im Kursbuch

5. Was paßt zusammen?

a) ○ Guten Abend, Herr Farahani.
   □ Guten Abend, Herr Kaufmann.

b) ○ Auf Wiedersehen!
   □ Auf Wiedersehen!

c) ○ Guten Morgen.
   □ Guten Morgen, Frau Beier.
   Wie geht es Ihnen?
   ○ Danke, es geht.

d) ○ Hallo Christian!
   □ Hallo Lea! Wie geht es dir?
   ○ Danke, gut. Und dir?
   □ Auch gut, danke.

e) ○ Guten Tag, Frau Sauer.
   □ Guten Tag, Frau Lüders.
   Wie geht es Ihnen?
   ○ Danke, gut. Und Ihnen?
   □ Danke, auch gut!

	Dialog
A	
B	
C	
D	
E	

6. Schreiben Sie Dialoge.

Nach Übung
3
im Kursbuch

a) heißen – wie – Sie:
○ *Wie heißen Sie?*
ist – Name – Müller – mein:
□ _____

b) ist – wer – Frau Beier:
○ _____
ich – das – bin:
□ _____

c) Herr Lüders – Sie – sind:
○ _____
ich – nein – heiße – Röder:
□ _____

d) du – heißt – wie:
○ _____
heiße – Lea – ich:
□ _____

e) Ihnen – es – wie – geht:
○ _____
geht – es:
□ _____

f) geht – wie – dir – es:
○ _____
gut – danke:
□ _____
dir – und:
○ _____
auch – danke – gut:
□ _____

7. Ergänzen Sie.

Nach Übung
3
im Kursbuch

a) Name : heißen / Wohnort : *wohnen*
b) Sie : Ihr Name / du : _____
c) du : Wie geht es dir? / Sie : _____
d) heißen : wie? / wohnen : _____
e) Sabine Sauer : Frau Sauer / Abdollah Farahani : _____
f) Abdollah : Vorname / Farahani : _____
g) du : deine Telefonnummer / Sie : _____
h) bitte : Bitte schön! / danke : _____

8. „Du" oder „Sie"? Wie heißen die Fragen?

Nach Übung
5
im Kursbuch

a) ○ *Wie* _____ □ Sauer.
○ _____ □ Sabine.
○ _____ □ In Gera.
○ _____ □ Ulmenweg 3,
  O - 6500 Gera
○ _____ □ 56 82 39

b) ○ *Wie* _____ □ Christian.
○ _____ □ Krüger.
○ _____ □ In Hof.
○ _____ □ Kirchweg 3,
  W - 8670 Hof
○ _____ □ 42 75

Lektion 1

Nach Übung

5

im Kursbuch

9. Wie heißt das?

```
  Kurs  Deutsch G1

  1. Otani ①
     Kunio ②
     Ahornstraße 2 ③  ⎫
     O-5001 Erfurt 1 ④ ⎬ ⑤
     3 89 85 ⑥         ⎭

  2. Hernandez
     Alfredo
```

① *Familienname*
②_____
③_____
④_____
⑤_____
⑥_____

Nach Übung

5

im Kursbuch

10. „wer", „wie", „wo"? Ergänzen Sie.

a) O _____ heißt Du?
   □ Christian.

b) O _____ wohnen Sie, bitte?
   □ In Erfurt.

c) O _____ ist Ihre Adresse?
   □ Ahornstraße 2, 5000 Erfurt 1

d) O _____ geht es dir?
   □ Danke gut.

e) O _____ ist dein Name?
   □ Lea.

f) O _____ ist Frau Röder?
   □ Das bin ich.

g) O _____ ist Ihre Nummer?
   □ 62 15 35.

h) O _____ wohnt in Erfurt?
   □ Herr Farahani.

Nach Übung

6

im Kursbuch

11. Schreiben Sie.

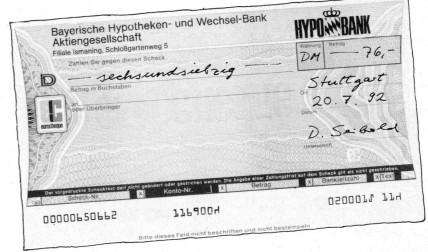

a) _____ DM 47,–
b) _____ DM 88,–
c) _____ DM 31,–
d) _____ DM 19,–
e) _____ DM 33,–
f) _____ DM 52,–
g) _____ DM 13,–

h) _____ DM 21,–
i) _____ DM 55,–
j) _____ DM 93,–
k) _____ DM 24,–
l) _____ DM 66,–
m) _____ DM 17,–
n) _____ DM 95,–

12. Lesen Sie die Nummernschilder.

Nach Übung

6

im Kursbuch

HaDe el ef dreiundsechzig

HD-LF 63

a) WES - KN 52 e) SHG - IC 71 i) AUR - VY 69
b) CLP - JY 34 f) TBB - KM 83 j) LÖ - KG 12
c) ZW - AS 27 g) BOR - QU 95 k) FFB - OT 8
d) FÜ - XT 48 h) MTK - KR 17 l) ROW - SY 19

13. Wer hat die Telefonnummer...?

Nach Übung

9

im Kursbuch

Kersch Walter 6 36 66
 Leuchtenburger - 68
Kersen Detlef van 5 84 06
 Ulrich-von-Hutten- -2
Kerski Klaus u. Hetty 6 75 25
 Johann-Justus-Weg 141 a

Kerstan Margarete 8 63 01
 Heinrich-Sandstede- - 7
Kersten Andreas u. 4 15 38
 Jürgen Meerweg 57
Kerstiens Christa 7 44 09
 Lasius- 8

Kersting Egon Hirsch- 3 50 82 71
Kertelge H.-Robert Dr. 4 55 22
 Bakenhusweg 20
Kerting Ingolf Eichen- 9 b 59 17 31
Kertscher Klaus u. Elke 20 39 94
 Dießel- 7

Wer hat die Telefonnummer...

a) Vier fünfzehn achtunddreißig? _____
b) sechs sechsunddreißig sechsundsechzig? _____
c) fünfzig zweiundachtzig einundsiebzig? _____
d) neunundfünfzig siebzehn einunddreißig? _____
e) fünf vierundachtzig null sechs? _____
f) vier fünfundfunzig zweiundzwanzig? _____
g) sechs fünfundsiebzig fünfundzwanzig? _____

14. Bilden Sie Sätze.

Nach Übung

11

im Kursbuch

a) Sätze bilden
b) langsam buchstabieren
c) Dialoge spielen
d) lesen
e) noch einmal hören
f) ergänzen
g) Dialoge schreiben

Bitte bilden Sie Sätze!
Bitte _____

15. Schreiben Sie ein Telefongespräch.

Nach Übung

11

im Kursbuch

Oh, Entschuldigung.
Hallo? Wer ist da, bitte?
Lehmann? Ist da nicht 77 65 43?
Lehmann.
Lehmann· Nein, meine Nummer ist 77 35 43.
Bitte, bitte. Macht nichts.

○ *Lehmann.* _____
□ _____
○ _____
□ _____
○ _____
□ _____
○ _____

Lektion 1

Nach Übung

12

im Kursbuch

16. Wer ist das? Schreiben Sie.

a) Klaus-Maria Brandauer, Wien

b) Christa Wolf, Berlin

c) Hannelore und Helmut Kohl, Oggersheim

d) Kurt Masur, Leipzig

e) Katharina Witt, Chemnitz

f) Friedensreich Hundertwasser, Wien

a) _Das ist Klaus-Maria Brandauer. Er wohnt in_

b) _____

c) _____

d) _____

e) _____

f) _____

Nach Übung

13

im Kursbuch

17. Schreiben Sie Dialoge.

○ Varga   □ Tendera

○ Woher sein?   □ Italien
                  Und Sie?

○ Ungarn

○ _Guten Tag! Mein Name ist Varga._
□ _Und ich heiße Tendera._
○ _Woher_
□ _Ich bin_   _Und Sie?_
○ _Ich bin_

Ebenso:

b) ○ Farahani   □ Biro

   ○ Woher   □ Frankreich
     kommen?   Und Sie?

   ○ Iran

c) ○ Sabine   □ Juan

   ○ Woher sein?   □ Brasilien
                     Und du?

   ○ Österreich

18. Ergänzen Sie.

Nach Übung
16
im Kursbuch

leben   kommen   arbeiten   heißen   sein   sprechen

studieren   wohnen   spielen   sein   sein   lernen

studieren   sein   lernen

a) aus Brasilien
   aus Italien
   aus Ungarn
   _____
   _____

e) Klavier
   Tennis
   Dialoge
   _____

b) Lehrer
   Ärztin
   Knur Evers
   _____

f) Deutsch
   Englisch
   Spanisch
   _____
   _____

c) in Berlin
   in Prag
   in Leipzig
   _____
   _____
   _____
   _____

g) Bankkauffrau
   Grammatik
   Englisch
   _____

h) Wicchert
   Matter
   Heinemann
   _____

d) Medizin
   Elektrotechnik
   Englisch
   _____

19. Ergänzen Sie.

Nach Übung
16
im Kursbuch

a) ○ Wer _____ das?
   □ Sie heiß_____ Sauer.
   ○ Und wie _____ ihr Vorname?
   □ Sabine.
   ○ Wo wohn_____ sie?
   □ In Köln.
   ○ Studier_____ sie?
   □ Nein, sie _____ Reiseleiterin.
   ○ Was _____ ihr Hobby?
   □ Sie spiel_____ gern Tennis.

b) ○ Wer _____ das?
   □ Das _____ Juao und Luiza.
   ○ Komm_____ sie aus Spanien?
   □ Nein, sie _____ aus Portugal.
   ○ Wo wohn_____ sie?
   □ In Bochum.

c) ○ Wer _____ das?
   □ Das _____ Imre.
   ○ _____ das sein Familienname?
   □ Nein, er heiß_____ Imre Varga.
   ○ Arbeit_____ er?
   □ Nein, er lern_____ hier Deutsch.
   ○ Was _____ sein Hobby?
   □ Er reis_____ gern.

d) ○ Wer _____ Sie?
   □ Ich heiß_____ Marc Biro.
   ○ Komm_____ Sie aus Frankreich?
   □ Ja, aber ich arbei_____ in Freiburg.
   ○ Was _____ Ihr Beruf?
   □ Ich _____ Lehrer.

Lektion 1

20. Ihre Grammatik. Ergänzen Sie.

	sie (Sabine) er (Imre)	sie (Juao und Luiza)	Sie
sein	*ist*	*sind*	
heißen			
kommen			
wohnen			

21. Ergänzen Sie.

a) wohnen : wo? / kommen : _woher_
b) Hoppe : Name / Automechaniker : _____
c) er : Junge / sie : _____
d) Schüler : lernen / Student : _____
e) Hamburg : Wohnort / Österreich : _____
f) sie : Frau Röder / er : _____
g) Klavier : spielen / Postkarte : _____
h) wohnen : in / kommen : _____
i) Ingenieur : Beruf / Tennis : _____
j) 30 Jahre : Mann, Frau / 5 Jahre : _____
k) Gespräch : hören / Postkarte : _____

22. Welche Antwort paßt?

a) Heißt er Matter?
   Ⓐ Nein, Matter.
   Ⓑ Nein, er heißt Baumer.
   Ⓒ Ja, er heißt Baumer.

b) Wo wohnen Sie?
   Ⓐ Sie wohnt in Leipzig.
   Ⓑ Ich wohne in Leipzig.
   Ⓒ Sie wohnen in Leipzig.

c) Wie heißen sie?
   Ⓐ Sie heißt Katja Heinemann.
   Ⓑ Ja, sie heißen Katja und Klaus.
   Ⓒ Sie heißen Katja und Klaus.

d) Wie heißen Sie?
   Ⓐ Ich heiße Röder.
   Ⓑ Sie heißen Röder.
   Ⓒ Sie heißt Röder.

e) Wo wohnt sie?
   Ⓐ Sie ist Hausfrau.
   Ⓑ Ich wohne in Stuttgart.
   Ⓒ Sie wohnt in Dortmund.

f) Wer sind Sie?
   Ⓐ Mein Name ist Matter.
   Ⓑ Ich bin aus der Schweiz.
   Ⓒ Ich bin Landwirt.

g) Ist das Frau Sauer?
   Ⓐ Ja, das ist er.
   Ⓑ Ja, das sind sie.
   Ⓒ Ja, das ist sie.

h) Wie ist Ihr Name?
   Ⓐ Ich heiße Farahani.
   Ⓑ Ich bin das.
   Ⓒ Ich bin Student.

23. Lesen Sie im Kursbuch Seite 14/15.

Nach Übung

17

im Kursbuch

a) Ergänzen Sie.

	Frau Wiechert	Herr Matter	Herr Baumer	Und Sie?
Vorname/Alter	*Angelika*			
Wohnort				
Beruf				
Familienstand				
Kinder				
Hobby				

b) Schreiben Sie.   *Das ist Angelika Wiechert. Sie ist ...*
Frau Wiechert ist ... Sie ist ... und hat ...
Ihre Hobbys sind ...
Das ist Gottfried ...

24. Lesen Sie die Texte auf S. 15/16 im Kursbuch. Schreiben Sie dann.

Nach Übung

17

im Kursbuch

a)

Ich heiße Klaus-Otto Baumer und ...

b)

Ich heiße Ewald Hoppe und ...

25. „Erst" oder „schon"?

a) Anton Becker ist _____ 58 Jahre alt, Margot Schulz _____ 28.
b) Jochen Pelz arbeitet _____ drei Monate bei Müller & Co, Anton Becker
    _____ fünf Jahre.
c) Monika Sager wohnt _____ sechs Monate in Berlin, Manfred Bode
    _____ fünf Jahre.
d) ○ Wartest du hier _____ lange?   □ Ja, _____ eine Stunde.
e) Ewald ist _____ 36 Jahre verheiratet, Angelika _____ fünf Jahre.
f) Dagmar lernt _____ fünf Monate Englisch, Heiner _____ zwei Jahre.
g) ○ Sind Sie _____ lange hier?   □ Nein, _____ zwei Monate.

Lektion 1

Nach Übung

18

im Kursbuch

26. Fragen Sie.

a) ○ Das ist Frau Tendera.
b) ○ Ihr Vorname ist Luisa.
c) ○ Sie kommt aus Italien.
d) ○ Sie wohnt in München.
e) ○ Sie studiert Medizin.
f) ○ Ihr Hobby ist Reisen.

☐ *Wie bitte? Wer ist das?*
☐ *Wie bitte? Wie ist*
☐ *Wie bitte? Woher*
☐ *Wie bitte?*
☐ *Wie*
☐ _____

Nach Übung

18

im Kursbuch

27. Fragen Sie.

a) ○ _____
b) ○ _____
c) ○ _____
d) ○ _____
e) ○ _____
f) ○ _____
g) ○ _____
h) ○ _____
i) ○ _____
j) ○ _____
k) ○ _____
l) ○ _____
m) ○ _____
n) ○ _____
o) ○ _____
p) ○ _____
q) ○ _____
r) ○ _____

☐ Nein, er ist Programmierer.
☐ Ja, ihr Name ist Heinemann.
☐ Nein, er kommt aus Neuseeland.
☐ Ja, er arbeitet erst drei Tage hier.
☐ Ja, ich bin Frau Röder.
☐ Ja bitte, hier ist noch frei.
☐ Ja, er reist gern.
☐ Nein, sie studiert Medizin.
☐ Ja, er ist verheiratet.
☐ Er kommt aus Neuseeland.
☐ Sie studiert Medizin.
☐ Ja, ich surfe gern.
☐ Nein, sie ist Telefonistin.
☐ Ja, hier ist frei.
☐ Mein Vorname ist Abdollah.
☐ Abdollah wohnt in Erfurt.
☐ Nein, er heißt Juao.
☐ Das ist Frau Sauer.

Nach Übung

18

im Kursbuch

28. Schreiben Sie einen Dialog.

Ja, bitte schön. – Sind Sie neu hier?

Und was machen Sie hier?

Nein, aus Neuseeland.

Ich bin Programmierer.

Guten Morgen, ist hier noch frei?

Ich heiße John Roberts.   Sind Sie aus England?

Ja, ich arbeite erst drei Tage hier.

○ *Guten Morgen, ist hier noch frei?*
☐ *Ja, . . .* _____
○ _____
☐ . . .

16   sechzehn

29. „Noch" oder „schon"?

Nach Übung

18

im Kursbuch

a) Ihre Kinder sind _____ klein, sie sind erst drei und fünf Jahre alt.

b) ○ Ist hier _____ frei?   □ Ja, bitte.

c) ○ Arbeiten Sie hier _____ lange?   □ Nein, erst fünf Tage.

d) Monika Sager studiert _____, Manfred Bode ist _____ Lehrer.

e) Zwei Kinder sind _____ Schüler, ein Junge studiert _____.

f) Angelika Wiechert ist _____ verheiratet, Klaus Henkel ist _____ ledig.

g) ○ Wo ist Frau Beier? Kommt sie _____?   □ Sie ist _____ da.

h) ○ Wohnen Sie _____ in Hamburg?   □ Nein, ich lebe jetzt in Dortmund.

30. Ergänzen Sie.

Nach Übung

19

im Kursbuch

a) ○ Hallo, ha_____ du Feuer?

□ Ja, hier.

○ Wohin möcht_____ du?

□ Nach Hamburg.

○ Wart_____ du schon lange?

□ Es geht.

○ Woher _____ du?

□ Ich komm_____ aus Polen.
Und woher komm_____ du?

○ Ich _____ aus Österreich.

□ Was mach_____ du in Deutschland?
Arbeit_____ du hier?

○ Nein, ich studier_____ in Bonn.

b) ○ Hallo, hab_____ ihr Feuer?

□ Nein.

○ Wohin möcht_____ ihr?

□ Nach München.

○ Wart_____ schon lange?

□ Es geht.

○ Woher _____ ihr?

□ Wir komm_____ aus Wien.

○ _____ ihr Österreicher?

□ Nein, wir _____ Deutsche.

○ Und was mach_____ ihr in Wien?
Arbeit_____ ihr da?

□ Nein, wir studier_____ da.

31. Ihre Grammatik. Ergänzen Sie.

Nach Übung

19

im Kursbuch

	ich	du	wir	ihr
studieren	studiere			
arbeiten				
sein				
heißen				

32. „Danke" oder „bitte"?

Nach Übung

20

im Kursbuch

a) ○ Wie geht es Ihnen?

□ _____, gut.

b) ○ Oh, Entschuldigung!

□ _____ schön.

c) ○ Ist hier noch frei?

□ Ja, _____.

○ _____!

Lektion 1

d) ○ Wie ist Ihr Name?
    □ Farahani.
    ○ _____ buchstabieren Sie!
    □ F a r a h a n i .
    □ _____ schön!
    ○ _____ !

e) ○ Ich heiße Sauer.
    □ Wie _____ ?
    Wie heißen Sie?

f) ○ Hast du Feuer?
    □ Ja hier, _____ .
    ○ _____ !

Nach Übung
20
im Kursbuch

33. Welche Antwort paßt?

a) Sind Sie neu hier?
  Ⓐ Nein, ich bin neu hier.
  Ⓑ Ja, ich bin schon zwei Monate hier.
  Ⓒ Nein, ich bin schon vier Jahre hier.

b) Was sind Sie von Beruf?
  Ⓐ Sie ist Telefonistin.
  Ⓑ Ich bin erst drei Tage hier.
  Ⓒ Ich bin Programmierer.

c) Was macht Frau Kurz?
  Ⓐ Sie ist Sekretärin.
  Ⓑ Er ist Ingenieur.
  Ⓒ Sie arbcitet hier schon fünf Jahre.

d) Arbeitet Herr Pelz hier?
  Ⓐ Nein, er ist Schlosser.
  Ⓑ Ja, schon drei Jahre.
  Ⓒ Nein, erst vier Monate.

e) Ist hier noch frei?
  Ⓐ Ja, danke.
  Ⓑ Nein, leider nicht.
  Ⓒ Nein, danke.

f) Sind Sie Ingenieur?
  Ⓐ Nein, Mechaniker.
  Ⓑ Nein, danke.
  Ⓒ Ja, bitte.

g) Habt ihr Feuer?
  Ⓐ Ja, sehr gut.
  Ⓑ Nein, es geht.
  Ⓒ Ja, hier bitte.

h) Wartet ihr schon lange?
  Ⓐ Ja, erst zwei Tage.
  Ⓑ Ja, schon zwei Tage.
  Ⓒ Ja, wir warten.

i) Wo liegt Potsdam?
  Ⓐ Bei Berlin.
  Ⓑ Aus Berlin.
  Ⓒ Nach Berlin.

j) Wohin möchtet ihr?
  Ⓐ Aus Rostock.
  Ⓑ In Rostock.
  Ⓒ Nach Rostock.

k) Woher kommt ihr?
  Ⓐ In Wien.
  Ⓑ Aus Wien.
  Ⓒ Nach Wien.

Nach Übung
20
im Kursbuch

34. Schreiben Sie einen Dialog.

Wir sind aus Berlin. Und woher kommst du?

Bei Hamburg. Wohin möchtet ihr?

Hallo! Habt ihr Feuer?

Wo ist das denn?

Danke! Wartet ihr schon lange?

Woher seid ihr?

Ich? Aus Stade.

Ja hier, bitte!

Ja.

Nach Wien.

Nach Frankfurt. Und du?

○ *Hallo! Habt ihr Feuer?*
□ *Ja*
○ ...

Wortschatz

Verben

antworten 31
bekommen 31
bieten 27
entscheiden 22

entschuldigen 29
fahren 29
funktionieren 28
gehen 30

können 26
korrigieren 30
kosten 25
sagen 29

spülen 30
stimmen 31
waschen 26, 29, 30
wechseln 31

Nomen

e Antwort, -en 31
s Auto, -s 21, 29
e Batterie, -n 21, 22, 23
s Benzin 30
s Bett, -en 29
s Bild, -er 26
r Fehler, - 30
r Fernsehapparat, -e 26, 28
s Foto, -s 21, 22
r Fotoapparat, -e 21
s Geld 27

s Geschäft, -e 28
e Gruppe, -n 31
s Haus, ¨er 28
r Haushalt, -e 28
r Herd, -e 22, 25, 26
e Idee, -n 28
r Junge, -n 21
e Kamera, -s 23
e Karte, -n 31
e Kassette, -n 30
e Küche, -n 23, 24, 25
r Kugelschreiber, - 21, 22

r Kühlschrank, ¨e 26
e Lampe, -n 21, 22, 24, 25, 26
s Mädchen, - 21
e Minute, -n 22
e Person, -en 26, 31
s Problem, -e 29
s Programm, -e 25
s Radio, -s 26, 28
s Regal, -e 24, 25
r Schrank, ¨e 24, 25, 26
e Steckdose, -n 21, 23

r Stecker, - 21, 22
r Stuhl, ¨e 21, 23, 24, 25
r Tisch, -e 21, 22, 26
r Topf, ¨e 22, 23
e Uhr, -en 26, 27, 28
s Waschbecken, - 21, 22
e Waschmaschine, -n 26, 29
r Wert, -e 28
s Wort, ¨er 23, 31
e Zeit 22

Adjektive

ähnlich 29
bequem 25, 29
ehrlich 28

kaputt 30
leer 30
lustig 28

modern 25, 29, 32
originell 28
praktisch 25, 29

Adverbien

auch 29, 32

sehr 25

heute 32

viel 31

Funktionswörter

es 25

oder 24, 31

sondern 28

zu 28, 30

Ausdrücke

alle sein 30

aus sein 25

raus sein 30

Lektion 2

Grammatik

Definiter Artikel im Nominativ (§ 1)

Singular:		Plural:	
der Stuhl		die	Stühle
die Lampe			Lampen
das Klavier			Klaviere

Indefiniter Artikel im Nominativ (§ 1)

Singular:		Plural:	
ein Stuhl			Stühle
eine Lampe			Lampen
ein Regal			Regale

Negativ		Plural: keine	
Singular:	kein Stuhl		Stühle
	keine Lampe		Lampen
	kein Regal		Regale

Possessivartikel im Nominativ (§ 6a)

ich	Maskulinum	Singular:	mein Stuhl	Plural: meine	Stühle
	Femininum		meine Lampe		Lampen
	Neutrum		mein Regal		Regale
du	Maskulinum	Singular:	dein Stuhl	Plural: deine	Stühle
	Femininum		deine Lampe		Lampen
	Neutrum		dein Regal		Regale
Sie	Maskulinum	Singular:	ihr Stuhl	Plural: ihre	Stühle
	Femininum		ihre Lampe		Lampen
	Neutrum		ihr Regal		Regale

1. Suchen Sie Wörter.

a) tielektroherdwestuhlertopfelemineuaskameratewasserhahnefglühbirneh

Elektroherd,

b) zahkugelschreiberledlampesbwaschbeckenörststeckerlobatteriepsüzahlend

c) tassteckdoseautaschenlampeehtischisfotokistaschenrechnerlas

2. „Der", „die" oder „das"?

a) _____ Taschenrechner
b) _____ Lampe
c) _____ Topf
d) _____ Steckdose
e) _____ Wasserhahn
f) _____ Kugelschreiber
g) _____ Elektroherd
h) _____ Foto

i) _____ Mine
j) _____ Glühbirne
k) _____ Kamera
l) _____ Taschenlampe
m) _____ Tisch
n) _____ Stuhl
o) _____ Waschbecken
p) _____ Stecker

3. Bildwörterbuch. Ergänzen Sie.

a) *der* _____
b) _____
c) _____
d) _____
e) _____
f) _____
g) _____

h) _____
i) _____
j) _____
k) _____
l) _____
m) _____
n) _____

Lektion 2

Nach Übung

3

im Kursbuch

4. „Er", „sie", „es" oder „sie" (Plural)? Ergänzen Sie.

a) Das ist eine *Leica*. Sie ist schon zwanzig Jahre alt, aber _____ fotografiert noch sehr gut.

b) Das ist Karins Kugelschreiber. _____ schreibt sehr gut.

c) Das ist der Reiseleiter. _____ wohnt in Ulm.

d) Frau Benz ist nicht berufstätig. _____ ist Hausfrau.

e) Das sind Inge und Karin. _____ sind noch Schülerinnen.

f) Das ist Bernds Auto. _____ ist zehn Jahre alt.

g) Das sind Batterien. _____ sind für Kameras oder Taschenrechner.

h) Das ist eine GORA-Spülmaschine. Die Maschine hat fünf Programme. _____ ist sehr gut.

i) Das ist ein BADENIA-Küchenstuhl. Der Stuhl ist sehr bequem. _____ kostet 285 Mark.

Nach Übung

3

im Kursbuch

5. „Der" oder „ein", „die" oder „eine", „das" oder „ein", „die" (Plural) oder „-"?

a) Nr. 6   ist _____ Büroregal und kostet 136 Mark.

b) _____ Küchenregal kostet 180 Mark.

c) Nr. 8   ist _____ Spüle mit zwei Becken.

d) _____ Spüle mit zwei Becken kostet 810 Mark.

e) _____ Herd Nr. 3 ist _____ Elektroherd, Nr. 2 ist _____ Gasherd.

f) _____ Elektroherd kostet 1280 Mark, _____ Gasherd 935.

g) _____ Lampen Nr. 10 und 11 sind _____ Küchenlampen. _____ Lampe Nr. 9 ist _____ Bürolampe.

h) _____ Küchenlampen kosten 89 und 126 Mark, _____ Bürolampe 160.

6. Beschreiben Sie.

Nach Übung
3
im Kursbuch

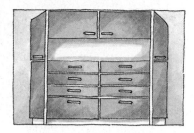

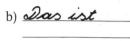

a) *Das ist ein Küchenschrank. Der Schrank hat acht Schubladen. Er kostet DM 998,-*

b) *Das ist* _____

c) _____

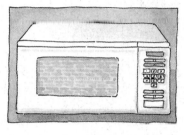

d) _____

e) _____

f) _____

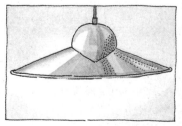

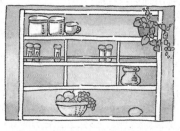

g) _____

h) _____

i) _____

Lektion 2

Nach Übung

4

im Kursbuch

7. Ein Wort paßt nicht.

a) Geschirrspüler – Waschmaschine – Spüle – Mikrowelle
b) Bild – Stuhl – Tisch – Schrank
c) Spüle – Abfalleimer – Waschbecken – Wasserhahn
d) Elektroherd – Kühlschrank – Regal – Geschirrspüler
e) Radio – Telefon – Fernsehapparat – Uhr

Nach Übung

4

im Kursbuch

8. Was ist das?

☐ Was ist Nr. 2?   ○ *Eine* _____
☐ Was ist Nr. ...?   ○ ....

Nach Übung

4

im Kursbuch

9. „Wer" oder „was"? Fragen Sie.

a) *Wer ist das?* _____ – Herr Roberts.
b) _____ – Ein Stuhl.
c) _____ – Das ist eine Lampe.
d) _____ – Das ist Margot Schulz.
e) _____ ist Klaus Henkel?   – Programmierer.
f) _____ ist Studentin?   – Monika Sager.
g) _____ wohnt in Hamburg?   – Angelika Wiechert.
h) _____ macht Rita Kurz?   – Sie ist Sekretärin.

10. Was ist da nicht?

Nach Übung
5
im Kursbuch

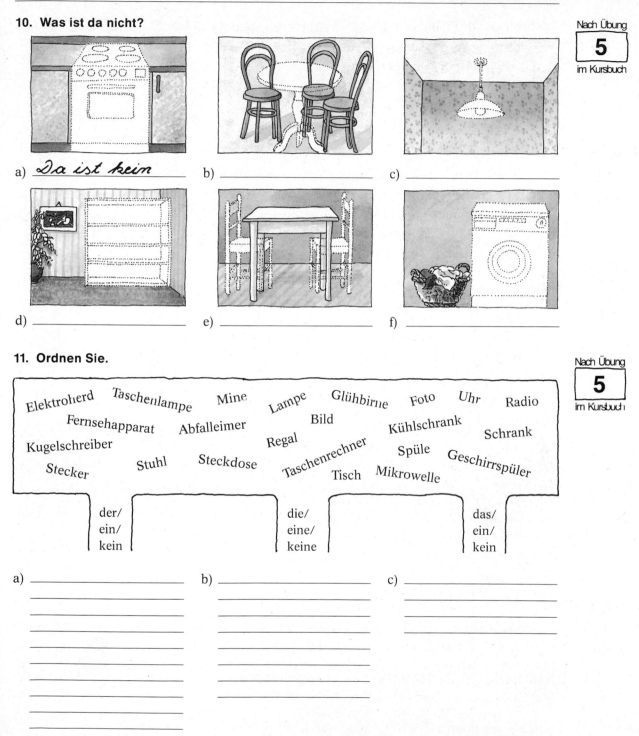

a) *Da ist kein* _____

b) _____

c) _____

d) _____

e) _____

f) _____

11. Ordnen Sie.

Nach Übung
5
im Kursbuch

Elektroherd   Taschenlampe   Mine   Lampe   Glühbirne   Foto   Uhr   Radio
Fernsehapparat   Abfalleimer   Bild   Kühlschrank   Schrank
Kugelschreiber   Regal   Spüle   Geschirrspüler
Stecker   Stuhl   Steckdose   Taschenrechner   Tisch   Mikrowelle

der/ein/kein   die/eine/keine   das/ein/kein

a) _____

b) _____

c) _____

Lektion 2

12. Wie heißt der Singular? Wie heißt der Plural? Ergänzen Sie.

Telefon Stuhl Abfalleimer Frau Glühbirne Batterie Hobby Mikrowelle
Lampe Mutter Kamera Beruf Spülmaschine Regal Kind Mine
Foto Uhr Wasserhahn Arzt
Mann Stecker Name Waschbecken Mädchen Taschenrechner
Bild
Elektroherd Kochfeld Zahl Ausländer Spüle
Kugelschreiber Tisch Topf Land Radio Auto Fernsehapparat

-e *das Telefon* – *die Telefone*   – *der Stecker* – *die Stecker*
___ – ___   ___ – ___
___ – ___   ___ – ___
___ – ___   ___ – ___

¨e *der Stuhl* – *die Stühle*
___ – ___   ¨   *die Mutter* – *die Mütter*
___ – ___   -er *das Bild* – *die Bilder*
___ – ___   ___ – ___

-n *die Lampe* – *die Lampen*   ¨er *der Mann* – *die Männer*
___ – ___   -s   *das Foto* – *die Fotos*
___ – ___   ___ – ___
___ – ___   ___ – ___

-en *die Uhr* – *die Uhren*
___ – ___
___ – ___

13. Schreiben Sie die Zahlen.

a) zweihundertvierundsechzig   _264_   j) fünfhundertsiebenundvierzig   _____
b) hundertzweiundneunzig   _____   k) achthundertsechsundachtzig   _____
c) fünfhunderteinundachtzig   _____   l) sechshundertfünfundsiebzig   _____
d) siebenhundertzwölf   _____   m) zweihundertachtunddreißig   _____
e) sechshundertfünfundfünfzig   _____   n) vierhundertdreiundneunzig   _____
f) neunhundertdreiundsechzig   _____   o) neunhundertzweiundzwanzig   _____
g) hundertachtundzwanzig   _____   p) hundertneun   _____
h) dreihundertdreizehn   _____   q) achthundertsechzehn   _____
i) siebenhunderteinunddreißig   _____   r) zweihunderteins   _____

14. Schreiben Sie die Zahlen und lesen Sie laut.

Nach Übung

7

im Kursbuch

a) 802: _____

b) 109: _____

c) 234: _____

d) 356: _____

e) 788: _____

f) 373: _____

g) 912: _____

h) 401: _____

i) 692: _____

j) 543: _____

k) 428: _____

l) 779: _____

m) 284: _____

n) 997: _____

o) 238: _____

p) 513: _____

q) 954: _____

r) 786: _____

15. „Er", „sie", „es" oder „sie" (Plural)? Ergänzen Sie.

Nach Übung

8

im Kursbuch

a) ○ Ist das deine Kamera?   □ Ja, aber _____ funktioniert nicht.

b) ○ Ist das Ihr Auto?   □ Ja, aber _____ fährt nicht.

c) ○ Ist das deine Taschenlampe?   □ Ja, aber _____ funktioniert nicht.

d) ○ Ist das dein Taschenrechner?   □ Ja, aber _____ geht nicht.

c) ○ Sind das Ihre Batterien?   □ Ja, aber _____ sind leer.

f) ○ Ist das Ihre Uhr?   □ Ja, aber _____ geht nicht.

g) ○ Sind das Ihre Kugelschreiber?   □ Ja, aber _____ schreiben nicht.

h) ○ Ist das dein Telefon?   □ Ja, aber _____ geht nicht.

16. „Ihr"/„Ihre" oder „dein"/„deine"? Ergänzen Sie.

Nach Übung

8

im Kursbuch

a) ○ Entschuldigen Sie! Ist das _____ Uhr?   □ Ja.

b) ○ Du Sonja, ist das _____ Auto?   □ Nein.

c) ○ Frau Kunst, wie ist _____ Telefonnummer?   □ 24 56 89.

d) ○ Wie ist _____ Adresse, Herr Wenzel?   □ Konradstraße 35, 6500 Mainz.

e) ○ Wie heißt du?   □ Bettina.

○ Und was ist _____ Adresse?   □ Mozartstraße 23.

f) ○ Hast du jetzt Telefon?   □ Ja.

○ Und wie ist _____ Nummer?   □ 5 78 54.

17. Ergänzen Sie.

Nach Übung

10

im Kursbuch

a) Taschenlampe : Batterie / Auto : _____

b) Fernsehapparat : Bild / Kamera : _____

c) Batterie : leer / Stuhl : _____

d) Spülmaschine : spülen / Waschmaschine : _____

e) Postkarte : lesen und schreiben / Telefon : _____ und

_____

f) Auto : waschen / Topf : _____

g) Mikrowelle : praktisch / Stuhl : _____

Lektion 2

Nach Übung

10

im Kursbuch

18. Was paßt nicht?

a) *Die Waschmaschine:* ist praktisch, ist gut, ist neu, fährt gut, wäscht gut.
b) *Das Haus:* ist klein, ist modern, ist ehrlich, kostet DM 430 000.
c) *Der Kühlschrank:* ist leer, geht nicht, spült nicht, ist praktisch, ist neu.
d) *Das Telefon:* ist lustig, antwortet nicht, ist kaputt, ist modern.
e) *Die Frau:* ist kaputt, ist ehrlich, ist ledig, ist klein, ist lustig.
f) *Die Spülmaschine:* wäscht nicht, ist leer, geht nicht, spült nicht gut.
g) *Der Stuhl:* ist bequem, ist neu, ist leer, ist frei, ist modern.
h) *Das Foto:* ist lustig, ist praktisch, ist neu, ist klein, ist gut.
i) *Das Auto:* fährt nicht, ist neu, wäscht gut, ist kaputt, ist gut.
j) *Das Geschäft:* ist gut, ist neu, ist klein, ist leer, ist ledig.
k) *Die Idee:* ist neu, ist lustig, ist klein, ist gut.
l) *Die Küche:* ist modern, ist ehrlich, ist praktisch, ist neu, ist klein.

Nach Übung

10

im Kursbuch

19. Antworten Sie.

a) ○ Ist das deine Uhr?
   □ *Nein, das ist ihre Uhr.*

b) ○ Sind das deine Fotos?
   □ *Nein, das*

c) ○ Ist das dein Kugelschreiber?
   □ _____

d) ○ Ist das dein Radio?
   □ _____

e) ○ Ist das deine Lampe?
   □ _____

f) ○ Ist das dein Fernsehapparat?
   □ _____

g) ○ Sind das deine Batterien?
   □ _____

h) ○ Ist das deine Kamera?
   □ _____

i) ○ Ist das dein Auto?
   □ _____

j) ○ Ist das deine Taschenlampe?
   □ _____

k) ○ Ist das dein Taschenrechner?
   □ _____

Wortschatz

Verben

backen 41
bestellen 38
bezahlen 39
brauchen 41

erkennen 42
erzählen 35, 37, 41
essen 34
glauben 36

kennen 42
kochen 40, 58, 70
mögen 36, 60
nehmen 37, 40

schmecken 40, 42
trinken 34, 45, 47
üben 36, 54, 78

Nomen

s Abendessen 40, 79, 86
r Alkohol 42, 61
e Anzeige, -n 41, 113
r Apfel, ⁻ 37, 41
s Bier 33, 35, 37, 41, 42
e Bohne, -n 37
s Brot, -e 33, 35
s Brötchen, - 35
e Butter 33, 35, 37
e Dose, -n 35
s Ei, -er 33, 35, 41
s Eis 35, 37
e Erdbeere, -n 41
r Export 42
r Fisch, -e 33, 35
e Flasche, -n 35, 41
s Fleisch 33, 37
e Frage, -n 40

e Frucht, ⁻e 37, 41
s Frühstück 41
e Gabel, -n 33
r Gasthof, ⁻e 37
s Gemüse 33, 35
s Gericht, -e 37, 40
s Gespräch, -e 37
s Getränk, -e 37
s Gewürz, -e 41
s Glas, ⁻er 33, 35
s Gramm 41
s Hähnchen 35, 37
r Kaffee 35
e Kartoffel, -n 35, 37, 41
r Käse 36, 41
s Kilo, -s 41
s Kotelett, -s 35, 36
r Kuchen, - 33, 35
e Limonade, -n 37, 42

r Liter, - 41
r Löffel, - 33
e Mark 39
e Marmelade, -n 35, 41
s Mehl 41
s Messer, - 33
e Milch 33, 35, 41
s Mineralwasser 35, 41
r Nachtisch, -e 37
s Öl, -e 41
r Pfeffer 41
s Pfund 41
r Preis, -e 39
r Reis 33
r Rotwein, -e 37
r Saft, ⁻e 35, 37
e Sahne 37
r Salat, -e 35, 37

r Schinken, - 37, 41
r Schnaps, ⁻e 35
e Schokolade, -n 41
e Soße, -n 40
e Speisekarte, -n 37
s Steak, -s 36, 37
e Suppe, -n 35, 37
e Tasse, -n 35
r Tee, -s 35, 36
r Teller, - 33, 37
e Tomate, -n 41
e Vorspeise, -n 40
e Wäsche 41
e Wurst, ⁻e 35, 37
r Zettel, - 41
r Zucker 41
e Zwiebel, -n 37

Adjektive

billig 41
bitter 40
dunkel 42
eng 42
fett 40
frisch 40
groß 42

grün 42
hart 40
hell 42
hoch 42
kalt 37, 40
lieber 38, 74
mild 42

nah 41
normal 42
phantastisch 40
rot 42
salzig 40
sauer 40
scharf 40

schlank 42
stark 42
süß 40, 42
trocken 40
typisch 42
warm 40
wichtig 42

Lektion 3

Adverbien

abends 35
besonders 42
danach 37
dann 37, 41, 42
fast 42
ganz 41
genug 40

gern 36, 38, 42
lieber 38
manchmal 36
mittags 35
morgens 35
nachmittags 35
natürlich 42

nur 42
oben 42
oft 36
so 39
sofort 42
überall 42
unten 42

verschieden 42
vor allem 42
vorwiegend 42
zuerst 37
zusammen 39

Funktionswörter

alle 42
als 37, 40
doch 40

etwas 40, 42
jeder 42
mit 37

pro 42
viel 42
welcher? 43

zu 40

Ausdrücke

es gibt 42
vor allem 42

Abkürzungen

g s Gramm 41
kg s Kilogramm 41

Grammatik

Definiter Artikel im Akkusativ (§ 2)

Maskulinum	*Singular:*	den Stuhl	*Plural:* die — Stühle
Femininum		die Lampe	Lampen
Neutrum		das Klavier	Klaviere

Indefiniter Artikel, Possessivartikel, Negation im Akkusativ (§ 2 und 6a)

	Indefiniter Artikel		*Possessivartikel*		*Negation*	
Singular:	einen	Stuhl	meinen / seinen deinen / Ihren	Stuhl	keinen	Stuhl
	eine	Lampe	meine / seine deine / Ihre	Lampe	keine	Lampe
	ein	Regal	mein / sein dein / Ihr	Regal	kein	Regal
Plural:		Stühle Lampen Regale	meine deine / Ihre	Stühle Lampen Regale	keine	Stühle Lampen Regale

Imperativ (§ 26 und 34)

Nimm doch noch etwas Fleisch, Christian!
Nehmen Sie doch noch etwas Fleisch, Frau Herzog!

1. Ein Wortspiel mit Nomen. Schreiben Sie wie im Beispiel.

Nach Übung

1

im Kursbuch

ABEND ~~BEISPIEL~~ ~~FREMDSPRACHE~~ WEIN KÄSE LÖFFEL MESSER TASSE
BIER ~~DEUTSCH~~ GABEL GEMÜSE KAFFEE MILCH TELLER
DOSE FLEISCH HÄHNCHEN WASSER MITTAG SAFT ~~ÜBUNG~~
FLASCHE ~~HUEBER~~ ~~LEHRWERK~~ REIS SCHNAPS

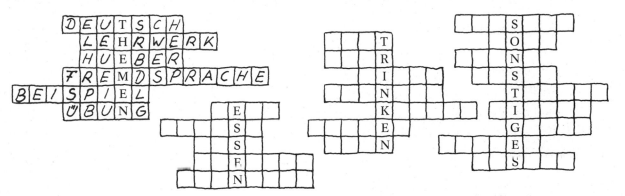

2. Schreiben Sie.

Was essen die Leute?

Nach Übung

2

im Kursbuch

a) b) c) d)

a) die Mutter und der Sohn

Die Mutter ißt ein Hähnchen mit Kartoffelsalat und trinkt ein Bier.
Der Sohn

b) der Vater und die Tochter

Der Vater ißt

c) das Paar, er und sie   d) die Frau

Lektion 3

Nach Übung

3

im Kursbuch

3. Schreiben Sie.

Was essen und trinken Franz, Clara und Thomas gern? Was mögen sie nicht?

	ißt gern trinkt			mag	keinen kein keine
Franz	Hamburger Pizza Eis Pommes frites Cola			Salat Käse Bier Wein Schnaps	
Clara	Obst Fisch Marmeladebrot Wein			Eis Wurst Kuchen Pommes frites Bier	
Thomas	Bier Wein Wurst Kartoffeln Fleisch			Wasser Fisch Reis	

a) Franz: *Er ißt gern*
und er trinkt gern
Aber er mag keinen Salat,

b) Clara: c) Thomas: …

Nach Übung

4

im Kursbuch

4. Drei Antworten sind richtig. Welche?

a) Was ist zum Beispiel leer?
- A eine Flasche
- B eine Batterie
- C ein Foto
- D ein Bett

b) Was ist zum Beispiel alle?
- A die Leute
- B das Geld
- C die Kartoffeln
- D das Bier

c) Was ist zum Beispiel neu?
- A Möbel
- B eine Telefonnummer
- C eine Idee
- D Kinder

d) Was ist zum Beispiel gut?
- A der Familienstand
- B der Nachtisch
- C die Antwort
- D die Gläser

e) Was ist zum Beispiel kaputt?
- A eine Adresse
- B eine Kassette
- C ein Fernsehgerät
- D ein Teller

f) Was ist zum Beispiel frei?
- A der Tisch
- B der Haushalt
- C das Regal
- D der Stuhl

5. Ordnen Sie die Adverbien.

Nach Übung
5
im Kursbuch

meistens	~~nie~~	~~selten~~	manchmal	immer	oft

a) _____ b) _____ c) _____ d) _____ e) *selten* f) *nie*

100%   50%   0%

6. Wer möchte was? Schreiben Sie.

Nach Übung
5
im Kursbuch

Bitte?

Pommes frites, Orangensaft

Hamburger Cola Eis

Kuchen Kaffee

Gemüsesuppe Kartoffelsalat Bier

Familie Meinen ißt im Schnellimbiß.

a) Herr Meinen möchte
eine Gemüsesuppe
_____

b) Frau Meinen möchte
_____
_____

c) Michael möchte
_____
_____

d) Sonja möchte
_____
_____

7. Was paßt nicht?

Nach Übung
6
im Kursbuch

a) Kaffee – Tee – Milch – Suppe – Mineralwasser
b) Braten – Hähnchen – Gemüse – Kotelett – Steak
c) Glas – Flasche – Teller – Tasse – Kaffee
d) Gabel – Löffel – Messer – Tasse
e) Tasse – Gabel – Glas – Teller
f) Bier – Brot – Salat – Steak – Eis
g) Hamburger – Hauptgericht – Käsebrot – Bratwurst – Pizza
h) Weißwein – Apfelsaft – Mineralwasser – Eis – Limonade
i) morgens – abends – nachmittags – mittags – immer
j) immer – oft – mittags – manchmal – meistens

Lektion 3

Nach Übung

6

im Kursbuch

8. Ordnen Sie und tragen Sie unten ein.

Bratwurst Gemüsesuppe Eis Schweinebraten Rindersteak Hähnchen Schwarzbrot
Apfelkuchen Wurst Salatteller Kalter Braten Rindfleischsuppe Zwiebelsuppe
Obst Fischplatte Früchtebecher Weißbrot

	Fleisch	kein Fleisch
kalt		
warm		

Nach Übung

7

im Kursbuch

9. Was paßt? Schreiben Sie.

a) Kaffee : Tasse / Bier : _____
b) Tee : trinken / Suppe : _____
c) Rindersteak : Rind / Kotelett : _____
d) Pizza : essen / Milch : _____
e) Kuchen : Sahne / Pommes frites : _____
f) Apfel : Obst / Kotelett : _____
g) ich : mein / du : _____
h) 8 Uhr : morgens / 20 Uhr : _____
i) kaufen : Geschäft / essen : _____
j) Eis : Nachtisch / Rindersteak : _____

Nach Übung

7

im Kursbuch

10. Was stimmt hier nicht? Schreiben Sie die richtigen Wörter.

a) der *Schweine*saft   *der Orangensaft*
b) das *Nach*gericht   _____
c) das *Orangen*brot   _____
d) die *Apfel*wurst   _____
e) der *Schwarz*kuchen   _____
f) der *Kartoffel*braten   _____
g) das *Brat*steak   _____
h) der *Haupt*tisch   _____
i) der *Zwiebel*wein   _____
j) der *Rinder*salat   _____
k) die *Rot*suppe   _____

11. Wer sagt das? Der Kellner, der Gast oder der Text?

Nach Übung

8

im Kursbuch

	Kellner	Gast	Text
a)		✓	
b)			
c)			
d)			✓
e)			
f)			
g)			
h)			
i)			
j)			
k)			
l)			
m)			

a) Ein Glas Wein, bitte.

b) Einen Apfelsaft, bitte.

c) Herr Ober, wir möchten bestellen.

d) Die Gäste bestellen die Getränke.

e) Und Sie, was bekommen Sie?

f) Einen Schweinebraten mit Pommes frites. Geht das?

g) Bitte, was bekommen Sie?

h) Er nimmt eine Zwiebelsuppe und einen Rinderbraten.

i) Der Kellner bringt die Getränke.

j) Ja natürlich. Und was möchten Sie trinken?

k) Der zweite Gast nimmt den Schweinebraten und den Apfelsaft.

l) Ich nehme eine Zwiebelsuppe und einen Rinderbraten.

m) Und was möchten Sie trinken?

12. Machen Sie Dialoge.

Nach Übung

10

im Kursbuch

Zusammen?   Ja, die ist sehr gut.   Ja, richtig.

Nein, getrennt.   Eine Flasche Mineralwasser.

Gibt es eine Gemüsesuppe?

Was ~~bekommen~~ Sie?

Das macht 27 Mark 60. – Und Sie bezahlen den Wein und die Gemüsesuppe?

Und was ~~möchten Sie trinken?~~

~~Bezahlen~~ bitte!

Das Rindersteak und das Mineralwasser.

Und was bekommen Sie?   Mit Kartoffeln.

Was bezahlen Sie?

Dann bitte eine Gemüsesuppe und ein Glas Wein.

Ein Rindersteak, bitte.   Zehn Mark 90, bitte.

Mit Reis oder Kartoffeln?

a) ○ *Was bekommen Sie?*
   □ _____
   ○ ...
   □ ...

b) ○ *Bezahlen bitte!*
   □ _____
   ○ ...
   □ ...

Lektion 3

Nach Übung

11

im Kursbuch

13. Schreiben Sie.

a) ○ *Bekommen Sie das Hähnchen?*
   □ *Nein, ich bekomme den Fisch.*

b) Obstsalat – Eis mit Sahne
c) Wein – Bier
d) Eis – Kuchen
e) Suppe – Käsebrot
f) Fisch – Kotelett
g) Kaffee – Tee
h) Kartoffeln – Reis
i) Hamburger – Fischplatte

Nach Übung

14

im Kursbuch

14. „nicht", „kein" oder „ein"? Ergänzen Sie.

a) ○ Wie ist die Suppe? □ Die schmeckt ___nicht___ gut.
b) ○ Möchtest du _____ Bier? □ Weißt du das _____? Ich trinke doch _____ Alkohol.
c) ○ Gibt es noch Wein? □ Nein, wir haben _____ Wein mehr, nur noch Bier.
d) ○ Nehmen Sie doch noch etwas. □ Nein danke, ich möchte _____ Fleisch mehr.
e) ○ Möchten Sie _____ Kotelett? □ Nein danke, Schweinefleisch esse ich _____.
f) ○ Und jetzt noch _____ Teller Suppe! □ Nein danke, bitte _____ Suppe mehr.
g) ○ Und zum Nachtisch dann _____ Schnaps? □ Nein danke, _____ Schnaps, lieber _____ Eis.
h) ○ Ich heiße Lopez Martinez Camegeo. □ Wie bitte, ich verstehe Sie _____.

Nach Übung

14

im Kursbuch

15. Was können Sie auch sagen?

a) Ich nehme einen Wein.
   Ⓐ Ich bezahle einen Wein.
   Ⓑ Ich trinke einen Wein.
   Ⓒ Einen Wein, bitte.

b) Was möchten Sie?
   Ⓐ Bitte schön?
   Ⓑ Was bekommen Sie?
   Ⓒ Was bezahlen Sie?

c) Bitte bezahlen!
   Ⓐ Getrennt bitte.
   Ⓑ Wir möchten bitte bezahlen.
   Ⓒ Und was bezahlen Sie?

d) Wie schmeckt die Suppe?
   Ⓐ Schmeckt die Suppe nicht?
   Ⓑ Schmeckt die Suppe?
   Ⓒ Wie ist die Suppe?

e) Das kostet 8,50 DM.
- Ⓐ Ich habe 8,50 DM.
- Ⓑ Ich bezahle 8,50 DM.
- Ⓒ Das macht 8,50 DM.

f) Essen Sie doch noch etwas Fleisch!
- Ⓐ Gibt es noch Fleisch?
- Ⓑ Nehmen Sie doch noch etwas Fleisch!
- Ⓒ Es gibt noch Fleisch. Nehmen Sie doch noch etwas!

g) Vielen Dank.
- Ⓐ Danke.
- Ⓑ Bitte schön.
- Ⓒ Danke schön.

h) Danke, ich habe genug.
- Ⓐ Danke, ich bin satt.
- Ⓑ Danke, ich möchte nicht mehr.
- Ⓒ Danke, der Fisch schmeckt sehr gut.

16. Ihre Grammatik. Ergänzen Sie.

Nach Übung **14** im Kursbuch

	antworten				
ich		fahre			
du			ißt		
Sie				nehmen	
er/es/sie					mag
wir				nehmen	
ihr			ißt		
Sie		fahren			
sie	antworten				

17. Ergänzen Sie.

Nach Übung **14** im Kursbuch

trinken, sein, schmecken, nehmen, essen, mögen

a) ○ Was **nimmst** du denn?
b) □ Ich _____ einen Fisch.
c) ○ Fisch? Der _____ aber nicht billig.
d) □ Na ja, aber er _____ gut.
e) Was _____ du denn?
f) ○ Ich _____ ein Hähnchen.
g) □ Hähnchen? Das _____ du doch nicht.
h) _____ doch lieber ein Kotelett!
i) ○ Das _____ Schweinefleisch, und
j) Schweinefleisch _____ ich nie.
k) □ Und was _____ du?
l) ○ Ich _____ ein Bier.
m) □ Und ich _____ einen Orangensaft.

Lektion 3

Nach Übung

14

im Kursbuch

18. Was paßt zusammen?

A	Wer möchte noch ein Bier?	1	Vielen Dank.
B	Möchtest du noch Kartoffeln?	2	Nicht so gern, lieber Kartoffeln.
C	Haben Sie Gemüsesuppe?	3	Ich, bitte.
D	Das schmeckt sehr gut.	4	Danke, sehr gut.
E	Wie schmeckt es?	5	13,70 DM.
F	Ißt du gern Reis?	6	Ich glaube, Zwiebelsuppe.
G	Wieviel macht das?	7	Doch, das Fleisch ist phantastisch.
H	Schmeckt es nicht?	8	Nein, die ist zu scharf.
I	Ist das Rindfleisch?	9	Nein danke, ich bin satt.
J	Was gibt es zum Abendbrot?	10	Nein, Schweinefleisch.
K	Schmeckt die Suppe nicht?	11	Nein, aber Zwiebelsuppe.

A	B	C	D	E	F	G	H	I	J	K
3										

Nach Übung

15

im Kursbuch

19. Schreiben Sie zwei Dialoge.

Pichelsteiner Eintopf. Das ist Schweinefleisch mit Kartoffeln und Gemüse.

Ja, noch etwas Fleisch und Gemüse, bitte!

Der Eintopf schmeckt wirklich gut.   Möchten Sie noch mehr?

Wie schmeckt's?   ~~Danke, Ihnen auch.~~

Nehmen Sie doch noch einen.

~~Guten Appetit!~~   Danke, sehr gut. Wie heißt das?

Danke. Ein Strammer Max ist genug.   ~~Guten Appetit!~~

~~Schmeckt's?~~   Strammer Max. Brot mit Schinken und Ei.

~~Danke.~~   Ja, phantastisch. Wie heißt das?

Das schmeckt wirklich gut.

a) ○ *Guten Appetit !*
   □ *Danke.*
   ○ *Wie*
   □ ...

b) ○ *Guten Appetit !*
   □ *Danke, Ihnen auch.*
   ○ *Schmeckt's ?*
   □ *Ja,*
   ○ ...

20. Ergänzen Sie.

Nach Übung
16
im Kursbuch

a) Ich esse den Kuchen. _Er_ macht dick, aber _er_ schmeckt gut.
b) Den Wein trinke ich nicht. _____ ist zu trocken.
c) Die Limonade trinke ich nicht. _____ ist zu warm.
d) Ich esse das Steak. _____ ist teuer, aber _____ schmeckt gut.
e) Die Marmelade esse ich nicht. _____ ist zu süß, und _____ macht dick.
f) Ich trinke gern Bier. _____ schmeckt gut, und _____ ist nicht so teuer.
g) Die Kartoffeln esse ich nicht. _____ sind kalt.
h) Der Salat schmeckt nicht. _____ ist zu salzig.

21. Welche Antwort paßt?

Nach Übung
16
im Kursbuch

a) Essen Sie gern Fisch?
  Ⓐ Nein, ich habe noch genug.
  Ⓑ Ja, aber Kartoffeln.
  Ⓒ Ja, sehr gern.

b) Was möchten Sie trinken?
  Ⓐ Eine Suppe bitte.
  Ⓑ Einen Tee.
  Ⓒ Lieber einen Kaffee.

c) Möchten Sie den Fisch mit Reis?
  Ⓐ Lieber das Steak.
  Ⓑ Ich nehme lieber Fisch.
  Ⓒ Lieber mit Kartoffeln.

d) Bekommen Sie das Käsebrot?
  Ⓐ Nein, ich bekomme ein Hähnchen.
  Ⓑ Ja, das trinke ich.
  Ⓒ Ja, das habe ich.

e) Nehmen Sie doch noch etwas!
  Ⓐ Ja, ich bin satt.
  Ⓑ Nein danke, ich habe genug.
  Ⓒ Es schmeckt phantastisch.

f) Die Suppe ist phantastisch.
  Ⓐ Vielen Dank.
  Ⓑ Ist die Suppe gut?
  Ⓒ Die Suppe schmeckt wirklich gut.

22. Was paßt?

Nach Übung
17
im Kursbuch

		a) Milch	b) Joghurt	c) Aufschnitt	d) Pizza	e) Obst	f) Bier	g) Spülmittel	h) Öl	i) Zucker	j) Fleisch	k) Zwiebeln	l) Kuchen	m) Marmelade	n) Kaffee	o) Tomaten	p) Kartoffeln
A	Flasche																
B	Glas																
C	Dose																
D	Kiste																
E	500 Gramm																
F	ein Pfund/Kilo																
G	ein Liter																
H	ein Stück																

Lektion 3

Nach Übung
17
im Kursbuch

23. Schreiben Sie.

a) _achtundneunzig_ — 98
b) _____ sechsunddreißig — **36**
c) . _____ 23
d) _____ 149
e) _____ 777
f) _____ 951
g) _____ dreihundertzweiundachtzig — _____
h) _____ 565
i) _____ 250
j) _____ 500

Nach Übung
19
im Kursbuch

24. Tragen Sie die folgenden Sätze in die Tabelle ein.

a) Ich trinke abends meistens eine Tasse Tee.
b) Abends trinke ich meistens Tee.
c) Tee trinke ich nur abends.
d) Meine Kinder möchten Landwirte werden.
e) Markus möchte für Inge ein Essen kochen.
f) Was möchten Sie?
g) Das Brot ist alt und hart.
h) Ich bin jetzt satt.

	Vorfeld	$Verb_1$	Subj.	Angabe	Ergänzung	$Verb_2$
a)	Ich	trinke		abends meistens	eine Tasse Tee.	
b)						
c)						
d)						
e)						
f)						
g)						
h)						

Nach Übung
21
im Kursbuch

25. Suchen Sie Wörter aus Lektion 3. Es sind 38. Wie viele finden Sie in zehn Minuten?

```
A X S E C U X A N M A R M E L A D E O A D K A F F E E D G B O H N E N K
S A F T G V B D O I K E E L Ö S N C B G X U L K O H H A A X B F P M Q Ö
T C B F H G A B E L J I S X F M Y F V P B C K V N X B W A S S E R Q A L
E I R L S J W U H C I S S M F G K I P A Q H Ä H N C H E N F T F R D O S
A T O Z A L N T G H E D E V E E C S U P P E S J U W I I E J Y B B O C C
K O T E L E T T P I L S R B L M K C Z F H N E K D E G N A C H T I S C H
B E X P O R T E T L I A Z I V Ü F H D E I S L M E H L D W E Z S D E N U
W U R S T O E R I N D F L E I S C H S L T M Y Ö L V C R M X Z U C K E R
M W P R S E F W A U I E Y R V E G J E H L F U K N T G L Z T H J U D A T
A L T B I E R A N Y T Á R T A N D E M A ß D R U G E E W E I S S B I E R
```

Wortschatz

Verben

anfangen 52, 53
anziehen 51
aufhören 49
aufmachen 49
aufräumen 50, 54
aufstehen 47
bedienen 47, 50
beschreiben 50
besuchen 45
bringen 50
dürfen 48

duschen 48
einkaufen 48, 50, 54
einladen 52
feiern 55
fernsehen 47, 48
fotografieren 45, 55
frühstücken 47, 50
holen 51
kontrollieren 47
können 48
messen 50

mitbringen 48
mitkommen 53
müssen 48
ordnen 49
radfahren 55
rauchen 45, 48
schlafen 45, 47, 48
schneiden 47
schwimmen 45, 47
sehen 47, 54
spazierengehen 55

stattfinden 52
stören 48
tanzen 45, 47, 48
treffen 51, 53
vergessen 52
vergleichen 49
vorbereiten 50
vorhaben 53
zeichnen 48
zuhören 49

Nomen

r Abend, -e 51
e Ansichtskarte, -n 55
e Arbeit 50
r Ausflug, ¨e 52, 55
r Bäcker, - 47
e Bank, -en 47
e Bar, -s 45, 47, 52
e Bibliothek, -en 47, 52
s Buch, ¨er 47
s Café, -s 45, 47
e Diskothek, -en 52
r Donnerstag 54
e Dusche, -n 48
r Eintritt 48
s Essen 51
s Fernsehen 54

s Fieber 50
r Film, -e 47, 54
r Freitag 54
e Freizeit 50, 55
e Friseurin, -nen / r Friseur, -e 47
r Gast, ¨e 47, 58
r Gruß, ¨e 55
r Juli 54
e Kellnerin, -nen / r Kellner, - 47
s Kino, -s 47, 54
s Kleid, -er 51
s Konzert, -e 52, 54
s Krankenhaus, ¨er 47
e Krankenschwester, -n 50

e Lehrerin, -nen / r Lehrer, - 50
e Mannschaft, -en 52
e Maschine, -n 47
s Meer, -e 52
r Mensch, -en 52
r Mittag, -e 51
s Mittagessen, - 51
r Mittwoch 52, 54
r Montag 54
e Musik 45, 47
r Passagier, -e 47
e Pause, -n 51
s Restaurant, -s 55
r Samstag 54
r Satz, ¨e 49
s Schild, -er 48

s Schwimmbad, ¨er 47
e Situation, -en 49
r Sonnabend 54
s Sonnenbad, ¨er 47
r Sonntag 54
r Spaziergang, ¨e 47, 50
r Tanz, ¨e 52
e Torte, -n 47
e Uhrzeit, -en 53
r Verband, ¨e 51
s Viertel, - 53
r Vortrag, ¨e 52
e Wohnung, -en 54
e Zeitung, -en 50
e Zigarette, -n 49

Adjektive

früh 53
geöffnet 52
geschlossen 48, 52

herrlich 55
herzlich 55
leise 48

lieb 55
nächst- 53
nett 55

obligatorisch 48
spät 53
verboten 48

Lektion 4

Adverbien

eben 49	immer 55	morgen 52, 53, 55	selbst 48
heute 48, 52, 53	meistens 55	nie 54	vielleicht 53

Funktionswörter

also 53	gegen 52, 55	selbst 48	warum? 49
auf 47	jemand 47	von … bis … 52	wie lange? 52
bis 52, 53	nach 52, 55	wann? 50	zwischen 51

Ausdrücke

Achtung! 52	frei haben 54	Lust haben 53	spät sein 53
Betten machen 51	leid tun 53	Pause machen 51	Tschüß! 53
das nächste Mal 53	los sein 52	Schön. 53	

Grammatik

Modalverben (§ 25 und 35)

dürfen:	Sie dürfen hier nicht rauchen.	können:	Man kann hier Bücher lesen.
müssen:	Du mußt jetzt aber schlafen.	möchten:	Ich möchte das Konzert hören.

Verben mit trennbarem Verbzusatz (§ 27 und 36)

anfangen:	Wann fängt der Kurs an?	mitkommen:	Ich komme gern mit.
aufstehen:	Sie steht um acht Uhr auf.	stattfinden:	Wann findet der Ausflug statt?
einkaufen:	Hier kaufen wir immer ein.	vorbereiten:	Er bereitet das Frühstück vor.
fernsehen:	Sie sieht heute nicht fern.	zuhören:	Hören Sie bitte gut zu.

Uhrzeit (§ 19)

Wie spät	ist es?	Sieben Uhr.	Wann	kommt er?	Um	sieben.
Wieviel Uhr		Fünf nach sieben.	Um wieviel Uhr			halb acht.

Verben mit Vokalwechsel (§ 23)

essen	fernsehen	lesen	messen
du ißt	du siehst fern	du liest	du mißt
er / sie ißt	er / sie sieht fern	er / sie liest	er / sie mißt

nehmen	schlafen	treffen	
du nimmst	du schläfst	du triffst	
er / sie nimmt	er / sie schläft	er / sie trifft	

Lektion 4

Nach Übung

4

im Kursbuch

1. Was paßt?

Bank	Bäcker	Bar	Schwimmbad	Geschäft
Kino	Bibliothek	Café	Friseur	

a) Kuchen, Brot, Torte, backen: _____

b) Bücher, Zeitungen lesen: _____

c) Kuchen essen, Kaffee trinken: _____

d) Sonnenbad, schwimmen, Wasser: _____

e) Film sehen, dunkel: _____

f) schneiden, Frau, Mann, gut aussehen: _____

g) Geld haben, wechseln, DM: _____

h) Bier, Wein, Schnaps trinken: _____

i) kaufen, verkaufen, bezahlen: _____

2. Was machen die Leute?

Nach Übung

4

im Kursbuch

a) *Musik hören*

b) _____

c) _____

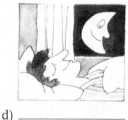

d) _____

e) _____

f) _____

g) _____

h) _____

i) _____

j) _____

k) _____

l) _____

Lektion 4

Nach Übung

5

im Kursbuch

3. Was muß, kann, darf Eva hier (nicht)? Welche Sätze passen?

Eva muß hier warten.   Eva darf hier nicht fotografieren.   Hier darf Eva rauchen.

Hier darf Eva nicht rauchen.

Hier darf Eva kein Eis essen.   Eva möchte fotografieren.

Eva muß aufstehen.   Eva kann hier ein Eis essen.   Eva möchte nicht rauchen.

a)

b)

c)

d)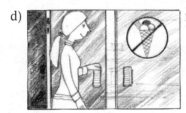

e)

f)

g)

h)

i)

Nach Übung

5

im Kursbuch

4. Ein Wort paßt nicht.

a) duschen – spülen – schwimmen – schlafen – waschen
b) Friseur – Arbeit – Passagier – Gast – Kellner
c) Krankenhaus – Maschine – Bibliothek – Gasthaus – Café
d) zeichnen – rauchen – trinken – essen – sprechen
e) sehen – hören – schmecken – essen
f) bezahlen – Geld ausgeben – stören – Geld wechseln – einkaufen
g) Foto – Bild – Musik – Film

5. Ergänzen Sie.

Nach Übung

5

im Kursbuch

a) Wolfgang (schlafen) _____ noch.
b) Frau Keller (lesen) _____ eine Zeitung.
c) (sehen) _____ du das Schild nicht? Hier darf man nicht rauchen.
d) (fernsehen) _____ du noch _____, oder möchtest du lesen?
e) Er (sprechen) _____ sehr gut Deutsch.
f) (sprechen) _____ du Spanisch?
g) Sie (fahren) _____ gerne Ski.
h) (schlafen) _____ du schon?
i) Frau Abel (fahren) _____ heute nach Leipzig.
j) (essen) _____ du das Steak oder (nehmen) _____ du das Kotelett?

6. Ihre Grammatik. Ergänzen Sie.

Nach Übung

5

im Kursbuch

	lesen	essen	schlafen	sprechen	sehen
ich	*lese*				
du					
er, sie, es, man					
wir					
ihr					
sie, Sie					

7. Ergänzen Sie die Verben.

Nach Übung

7

im Kursbuch

aufmachen	aufhören	zuhören	machen	fernsehen	~~aufstehen~~	
einkaufen	~~hören~~	kaufen	sehen	ausgeben		aufstehen

a) Ich *stehe* jetzt *auf*. Möchtest du noch schlafen?
b) *Hören* Sie die Kassette _____ und spielen Sie den Dialog.
c) ○ Was machst du?   □ Ich _____ _____. Der Film ist sehr gut.
d) Ich _____ das Auto nicht _____. Ich habe nicht genug Geld.
e) _____ du bitte die Flasche _____? Ich kann das nicht.
f) _____ du bitte ein Foto _____? Hier ist die Kamera.
g) ○ _____ du heute _____?   □ Ja, gern! Was brauchen wir denn?
h) Hier dürfen Sie nicht rauchen. _____ Sie bitte _____!
i) Bitte seien Sie leise und _____ Sie _____. Vera spielt doch Klavier!
j) _____ du das Schild nicht _____? Du darfst hier kein Eis essen.
k) Für sein Auto _____ er viel Geld _____.
l) _____ Sie bitte _____! Das ist mein Platz!

Lektion 4

**8. „Müssen", „dürfen", „können", „möchten".
Ergänzen Sie.**

a) ○ Mama, _____ ich
   noch fernsehen?
   □ Nein, das geht nicht. Es ist schon sehr
   spät. Du _____ jetzt schlafen.

b) ○ Papa, wir _____ ein
   Eis essen.
   □ Nein, jetzt nicht. Wir essen gleich.

c) ○ Mama, _____ wir jetzt spielen?
   □ Nein, ihr _____ erst
   das Geschirr spülen, dann
   _____ ihr spielen.

d) ○ Mama, ich _____
   fotografieren. _____ ich?
   □ Aber du _____ doch
   gar nicht fotografieren!

e) ○ Papa, _____ ich
   Klavier spielen?
   □ Ja, aber du _____ leise
   spielen. Mama schläft.

9. Ihre Grammatik. Ergänzen Sie.

A.

	möchten	können	dürfen	müssen
ich				
du				
er, sie, es, man				
wir				
ihr				
sie, Sie				

a) Nils macht die Flasche auf.
b) Nils möchte die Flasche aufmachen.
c) Macht Nils die Flasche auf?
d) Möchte Nils die Flasche aufmachen?
e) Wer macht die Flasche auf?
f) Wer möchte die Flasche aufmachen?

B.

	Verb$_1$	Subjekt	Angabe	Ergänzung	Verb$_2$
a) _Nils_	_macht_				
b) _____					
c) _____					
d) _____					
e) _____					
f) _____					

10. Was paßt zusammen?

Nach Übung
10
im Kursbuch

A	Hallo, was macht ihr da?
B	Sie dürfen hier nicht rauchen!
C	Stehen Sie bitte auf!
D	Darf man hier fotografieren?
E	Ihr könnt hier nicht warten!
F	Schwimmen ist hier verboten! Siehst du das Schild nicht?
G	Ihre Musik stört die Leute. Sie müssen leise sein.

1	Warum nicht? Wir stören hier doch nicht.
2	Bitte nur eine Zigarette. Ich höre gleich auf.
3	Ich kann doch nicht lesen.
4	Warum? Ist das Ihr Platz?
5	Wir schwimmen. Ist das verboten?
6	Nein, das ist verboten!
7	Warum das? Hier darf man doch Radio hören!

A	B	C	D	E	F	G

11. Was paßt?

Nach Übung
13
im Kursbuch

~~einen Verband~~   Musik   einen Brief   einen Schrank   ein Schwein   eine Frage

einen Gast   eine Bar   Betten   einen Spaziergang   eine Bestellung

eine Idee   eine Kartoffel   Kartoffelsalat

einen Film   einen Kaffee   das Abendessen   eine Torte

einen Beruf   einen Fehler   eine Reise   Pause   ein Krankenhaus   das Frühstück

ein Kotelett   die Arbeit   eine Adresse   Käse

einen Verband _____ | machen

_____
_____
_____
_____

...

Lektion 4

Nach Übung

13

im Kursbuch

12. Schreiben Sie.

a) Renate: ein Buch lesen — fernsehen

○ *Renate liest ein Buch. Möchtest du auch ein Buch lesen?*
□ *Nein, ich sehe lieber fern.*

b) Jochen: um sieben Uhr aufstehen — erst um halb acht aufstehen
c) Klaus und Bernd: Tennis spielen — Fußball spielen
d) Renate: einen Spaziergang machen — fernsehen
e) wir: Radio hören — einen Spaziergang machen
f) Müllers: ein Sonnenbad nehmen — die Küche aufräumen
g) Maria: fernsehen — Klavier spielen

Nach Übung

15

im Kursbuch

13. „Schon", „noch" oder „erst"? Ergänzen Sie.

a) Um 6.00 Uhr schläft Ilona Zöllner _____. Willi Rose steht dann _____
auf. Ilona Zöllner steht _____ um 8.00 Uhr auf.
b) Monika Hilger möchte _____ um 21.00 Uhr schlafen. Da sieht Klaus Schwarz
_____ fern.
c) Um 6.30 Uhr frühstückt Willi Rose, Ilona Zöllner _____ um 9.30 Uhr.
d) Um 23.00 Uhr tanzt Ilona Zöllner _____, Monika Hilger schläft dann _____.

Nach Übung

16

im Kursbuch

14. Was paßt nicht?

a) Reise – Achtung – Ausflug – fahren – Auto
b) Musik – Mannschaft – Konzert – Orchester
c) Pause – Gast – einladen – essen – trinken
d) Mensch – Leute – Person – Frauen
e) Tanz – Musik – Film – Diskothek
f) Geschäft – geöffnet – geschlossen – anfangen
g) stattfinden – Konzert – geöffnet – Veranstaltung – anfangen

Nach Übung

16

im Kursbuch

15. Wann? Wie lange?

bis 1.00 Uhr	vier Tage	morgens	zwei Jahre	von 9.00 bis 17.00 Uhr
um 20.00 Uhr	heute	morgen	zwischen 5.00 und 6.00 Uhr	bis 3.00 Uhr
abends	zwei Monate	mittags	am Mittwoch	bis Mittwoch
				morgen um halb acht

Wann?	Pause machen	Wie lange?	Pause machen
um 20.00 Uhr	Zeit haben	*bis 1.00 Uhr*	Zeit haben
_____	arbeiten	_____	arbeiten
...	geöffnet sein	...	geöffnet sein
	stattfinden		warten
	anfangen		

16. Wann fahren die Züge?

Nach Übung
17
im Kursbuch

Deutsche Bundesbahn — Deutsche Bundesbahn — Deutsche Bundesbahn								
Frankfurt — Dresden			**Hamburg — Berlin**			**Stuttgart — München**		
ab	Zug	an	ab	Zug	an	ab	Zug	an
6.38	IC 155	14.39	8.09	D 331	12.02	10.12	IC 591	12.20
8.31	D 355	16.58	11.27	IC 785	16.41	10.26	D 285	13.01
Lübeck — Rostock			**Münster — Bremen**			**Kiel — Flensburg**		
ab	Zug	an	ab	Zug	an	ab	Zug	an
9.40	D 1033	11.35	19.05	E 3385	21.07	17.42	E 4270	18.52
17.04	D 1037	21.48	21.57	IC 112	23.12	21.04	E 4276	22.19

a) Der IC 155 fährt um sechs Uhr achtunddreißig in Frankfurt ab und ist um vierzehn Uhr neununddreißig in Dresden.

b) Der D 355 fährt um ...

c) Der D 331 fährt um ...

...

17. Schreiben Sie Dialoge.

Nach Übung
18
im Kursbuch

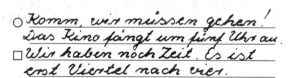

○ Komm, wir müssen gehen! Das Kino fängt um fünf Uhr an.
□ Wir haben noch Zeit. Es ist erst Viertel nach vier.

a) Gymnastik   b) Vortrag   c) Fotokurs   d) Tennisspiel   e) Tanzveranstaltung   f) Diskothek

Lektion 4

Nach Übung

20

im Kursbuch

18. Ordnen Sie die Antworten.

Ich habe keine Lust! Tut mir leid, das geht nicht! Ich weiß noch nicht! Gut! Ich mag nicht!
Vielleicht! Gern! Na gut! Leider nicht! Kann sein! Die Idee ist gut!
In Ordnung! Na klar! Ich kann nicht! Ich habe keine Zeit!

ja	nicht ja und nicht nein	nein

Nach Übung

20

im Kursbuch

19. „Wann?", „wie lange?", „wie spät?", „wie oft?", „wieviel?"/„wie viele?".
Fragen Sie.

a) *Um acht Uhr* stehe ich meistens auf.
b) Ich trinke morgens *vier Tassen* Kaffee.
c) Ich gehe *zweimal pro Monat* schwimmen.
d) Meine Wohnung kostet *670 Mark pro Monat*.
e) Ich wohne schon *vier Jahre* in Erfurt.

f) Es ist schon *vier Uhr*. Ich muß jetzt gehen.
g) Ich sehe abends *bis elf Uhr* fern.
h) Ich rauche nur *abends*.
i) Ich bin *von Freitag bis Sonntag* in Köln.
j) Ich mache *jedes Jahr* eine Reise.
k) Ihre Wohnung hat drei Zimmer.

Nach Übung

21

im Kursbuch

20. Schreiben Sie einen Dialog.

Warum fragst du?   Tut mir leid, ich muß heute arbeiten.
Schade. Und morgen nachmittag?   Ich möchte gern schwimmen gehen. Kommst du mit?
    Sag mal, Hans, hast du heute nachmittag Zeit?   Ja, gern. Da kann ich.

○ *Sag mal,* _____
□ _____
○ _____
□ _____
○ _____
□ _____

Nach Übung

22

im Kursbuch

21. Ergänzen Sie.

nachmittags   morgen mittag   morgen nachmittag   morgen abend   morgen früh   morgens

abends   mittags

a) _____ um zwanzig Uhr gehe ich ins Kino. Es gibt einen Film mit Gary Cooper.

b) Ich stehe _____ immer sehr früh auf.

c) _____ um sechzehn Uhr gehe ich mit Bärbel einkaufen.

d) Ich arbeite nur morgens, _____ habe ich meistens frei.

e) Ich gehe spät schlafen. Ich sehe _____ oft bis 23 Uhr fern.

f) _____ muß ich um sieben Uhr aufstehen. Ich möchte mit Sibylle zusammen frühstücken.

g) _____ haben wir immer von zwölf bis vierzehn Uhr Pause. Dann gehe ich meistens nach Hause und koche etwas.

h) _____ muß ich nicht kochen. Ich gehe mit Jens um zwölf Uhr essen.

Nach Übung

22

im Kursbuch

22. „Da" hat zwei Bedeutungen. Welche Bedeutung hat „da" in den Sätzen a – f?

Wo? → Da! („da" = Ort)   Wann? → Da! („da" = Zeitpunkt)

a) Der Gasthof Niehoff ist sehr gut. Da kann man phantastisch essen.

b) Um 20.00 Uhr gehe ich mit Monika tanzen. Da habe ich leider keine Zeit.

c) Das Schwimmbad ist sehr schön. Da kann man gut schwimmen.

d) Der Supermarkt „Harms" ist billig. Da kann man gut einkaufen.

e) Montag abend kann ich nicht. Da gehe ich mit Vera essen.

f) ○ Was machst du morgen abend?   □ Da gehe ich ins Konzert.

	Satz a)	Satz b)	Satz c)	Satz d)	Satz e)	Satz f)
„da" = Ort						
„da" = Zeitpunkt						

Nach Übung

22

im Kursbuch

23. „Können" oder „müssen"? Was paßt?

a) Herr Werner _____ morgens nach Frankfurt fahren, denn er arbeitet in Frankfurt und wohnt in Hanau.

b) Frau Herbst _____ heute leider nicht ins Kino gehen. Sie hat Gäste und _____ kochen.

c) Petra _____ die Wohnung nicht nehmen. Denn 560 Mark _____ sie nicht bezahlen.

d) Willi Rose ist Kellner. Er _____ schon um sechs Uhr aufstehen.

e) Gerd hat heute frei. Er _____ nicht um sieben Uhr aufstehen. Er _____ bis zehn Uhr schlafen.

f) Frau Herbst _____ nur nachmittags einkaufen gehen, denn morgens _____ sie arbeiten.

g) Im Gasthof Niehof _____ man bis 22 Uhr abends essen.

Lektion 4

Nach Übung

24

im Kursbuch

24. Was paßt nicht?

a) Tschüß – Herzliche Grüße – Guten Tag – Sonntag – Herzlich willkommen – Guten Abend
b) Zimmer – Raum – Wohnung – Haus – Situation
c) Brief – Ansichtskarte – schreiben – lesen – hören
d) Ski fahren – abfahren – Tennis spielen – Fußball spielen – radfahren – spazierengehen
e) heute – morgens – abends – nachmittags – mittags
f) nie – groß – oft – immer – meistens
g) wann? – wie lange? – wo? – wie oft? – wie spät?

Nach Übung

25

im Kursbuch

25. „Können" (1), „können" (2) oder „dürfen"?

„können" (1):

Er kann nicht Ski fahren.
Er lernt Ski fahren.

„können" (2):

Sie kann diese Woche nicht
Ski fahren.

Hier kann sie nicht Ski fah-
ren. Es gibt keinen Schnee.

a) Hier _____ ( )
man nicht schwimmen.

b) Er _____ ( )
noch nicht gehen.

c) Sie _____ ( )
nicht ins Kino gehen.

d) Er _____ ( )
nicht schwimmen.

e) Hier _____ ( )
sie nicht parken.

f) Hier _____ ( )
man essen.

26. Was stimmt hier nicht? Vergleichen Sie Text und Bild.

Nach Übung

25

im Kursbuch

a) 10.00 Uhr

b) 11.30 Uhr

c) 12.30 Uhr

d) 13.00 Uhr

e) 14.00 Uhr

f) 17.00 Uhr

g) 23.00 Uhr

h) 1.00 Uhr

Grönitz, 4. 8. 92

Lieber Mathias,

die Zeit hier ist nicht sehr schön. Ich stehe schon um sieben Uhr auf und gehe morgens spazieren. Man kann hier nicht viel machen: nicht schwimmen, nicht Tischtennis spielen, und man trifft keine Leute. Es gibt auch kein Kino, keine Bar und keine Diskothek. Ich esse hier sehr wenig, denn das Essen schmeckt nicht gut. Nachmittags lese ich Bücher, oder ich schreibe Briefe. Abends sehe ich meistens fern und gehe schon um neun Uhr schlafen.

Herzliche Grüße

Deine Babsi

A. Schreiben Sie.

Was macht Babsi?

a) *Sie steht erst um zehn Uhr auf*
b) *Um halb zwölf spielt sie*
c) ...

Was schreibt Babsi?

Ich stehe schon um sieben Uhr auf.
Ich gehe

B. Schreiben Sie jetzt den Brief richtig.

Grömitz, 4. 8. 92

Lieber Mathias,

die Zeit hier ist phantastisch. Ich stehe erst ...

Lektion 5

Wortschatz

Verben

anrufen 62
aussehen 60
baden 58, 68
bauen 63
buchen 67

diskutieren 66
einziehen 62
finden 60
gucken 61
herstellen 64

informieren 64
leihen 67
liegen 18, 62
schauen 60, 61
suchen 63, 66

tun 65
umziehen 58
verbieten 64
verdienen 62
wollen 63

Nomen

s Appartement, -s 64
r Aufzug, ¨e 62
s Bad, ¨er 57, 58
r Balkon, -e / -s 57, 58, 62
s Dach, ¨er 62, 64
s Ehepaar, -e 62
s Einkommen, - 63
s Ende 66
s Erdgeschoß, Erdge-schosse 62, 67
e Erlaubnis 64
e Familie, -n 63
s Fenster, - 58, 64
r Flur, -e 57, 58, 59
r Fußboden, ¨ 62
e Garage, -n 62
e Garderobe, -n 58
r Garten, ¨ 62

s Glück 63
s Hochhaus, ¨er 66
r Hof, ¨e 64
s Hotel, -s 67
e Industrie, -n 67
e Insel, -n 67
r Keller, - 57, 62, 67
r Kiosk, -e 67
r Komfort 62
r Krach 64
r Lärm 66
s Leben, - 61
e Miete, -n 62, 64, 66, 67
r Mietvertrag, ¨e 62, 64
e Mutter, ¨ 61
r Nachbar, -n 64
e Natur 67

e Nummer, -n 58
r Quadratmeter, - 62
r Raum, ¨e 58
s Reisebüro, -s 67
e Rezeption 67
e Ruhe 67
s Schlafzimmer, - 57, 58
r Schreibtisch, -e 58
r Sessel, - 58
e Sonne, -n 67
r Spiegel, - 58
r Stock, ¨e 62
r Strand, ¨e 67
r Streit, Streitigkei-ten 64
e Stunde, -n 62, 63
e Telefonzelle, -n 67
r Teppich, -e 58

e Terrasse, -n 57, 62, 64, 65
e Toilette, -n 62
r Urlaub 67
s Urteil, -e 64, 65
r Vermieter, - 64
r Vogel, ¨ 64
r Vorhang, ¨e 58
r Wagen, - 67
r Wald, ¨er 67
e Ware, -n 64
s WC, -s 62
e Wiese, -n 67
e Woche, -n 58, 62
s Wohnzimmer, - 57, 58
s Zimmer, - 58

Adjektive

direkt 67
fest 62
frei 61
glücklich 61, 66

günstig 63
häßlich 60
herzlich 66
interessant 32, 68

privat 62, 67
ruhig 62
sauber 67
schlecht 63

schön 58, 61
teuer 60
willkommen 62
zufrieden 58, 66

Adverbien

bald 66
draußen 64

eigentlich 63
endlich 66

nachts 64
sogar 58

vorher 64
ziemlich 58

Funktionswörter

ab 62	außerhalb 63	in 64	unser 67
alles 66	beide, beides 63	niemand 63	was für? 62
an 64	für 59, 61	ohne 62, 64	*zu mit Adjektiv* 60
auf 64	gar nicht 66	trotzdem 63	

Ausdrücke und Abkürzungen

m^2 r Quadratmeter, - 62   Platz haben 66   zu Hause 61
okay 66   Ruhe finden 67

Grammatik

Indefinitpronomen (§ 13)

			Nominativ	*Akkusativ*
Maskulinum	Ich brauche	einen Schrank.	Hier ist einer. / keiner.	Ich habe einen. / keinen.
Femininum	Ich brauche	eine Kommode.	Hier ist eine. / keine.	Ich habe eine. / keine.
Neutrum	Ich brauche	ein Bett.	Hier ist eins. / keins.	Ich habe eins. / keins.
Plural	Ich brauche	Bilder.	Hier sind welche. / keine.	Ich habe welche. / keine.

Wo? (§ 3, 16a und 44)

	in	an	auf
der Bungalow	im Bungalow	am Bungalow	auf dem Bungalow
mein Bungalow	in meinem Bungalow	an meinem Bungalow	auf meinem Bungalow
Ihr Bungalow	in Ihrem Bungalow	an IhremBungalow	auf Ihrem Bungalow
dic Garage	in der Garage	an der Garage	auf der Garage
meine Garage	in meiner Garage	an meiner Garage	auf meiner Garage
Ihre Garage	in Ihrer Garage	an Ihrer Garage	auf Ihrer Garage
das Haus	im Haus	am Haus	auf dem Haus
mein Haus	in meinem Haus	an meinem Haus	auf meinem Haus
Ihr Haus	in Ihrem Haus	an Ihrem Haus	auf Ihrem Haus

Lektion 5

Nach Übung

3

im Kursbuch

1. Ergänzen Sie.

a) _schlafen_ + _das Zimmer_ → das Schlafzimmer
b) _____ + _____ → das Wohnzimmer
c) _____ + _____ → der Schreibtisch
d) _____ + _____ → die Waschmaschine
e) _____ + _____ → der Fernsehapparat
f) waschen + das Becken → _____
g) braten + die Wurst → _____
h) stecken + die Dose → _____

i)   j)   k)   l) ⚠   m) ⚠

+   +   +   +   +

i) → _____

j) → _____

k) → _____

l) → _____

m) → _____

Nach Übung

3

im Kursbuch

2. Bilden Sie Sätze.

a) Lampe - - → Flur
          → Schlafzimmer

Die Lampe ist nicht für den Flur, sondern für das Schlafzimmer.
...

b) Waschmittel - →Waschmaschine
            → Geschirrspüler

c) Spiegel - - → Bad
        → Garderobe

d) Radio - - → Wohnzimmer
       → Küche

e) Stühle - - → Küche
       → Balkon

f) Topf - - - → Mikrowelle
      → Elektroherd

g) Batterien - →Taschenlampe
        → Radio

Nach Übung

4

im Kursbuch

3. Was paßt nicht?

a) Sessel – Teppich – Tisch – Schreibtisch
b) Schlafzimmer – Bad – Spiegel – Flur
c) Elektroherd – Waschmaschine – Fenster – Kühlschrank
d) Sessel – Stuhl – Bett – Lampe
e) schön – zufrieden – gut – phantastisch
f) fernsehen – Wohnung – neu – umziehen

4. Schreiben Sie Dialoge.

○ Gibt es hier ein Restaurant?
□ Nein, hier gibt es keins.
○ Wo gibt es denn eins?
□ Das weiß ich nicht.

Nach Übung

4

im Kursbuch

a) Post

○ *Gibt es hier eine Post ?*
□ *Nein, hier*
○ *Wo*
□ *Das weiß*

b) Bibliothek

○ *Gibt*
□ *Nein,*
○ *Wo*
□ *Das*

c) Café   d) Telefon   e) Automechaniker   f) Bäckerei   g) Gasthof   h) Supermarkt

5. „Welch-" im Plural (A) oder Singular (B)? Schreiben Sie Dialoge.

A.

B.

Nach Übung

4

im Kursbuch

○ Ich brauche noch Eier.
  Haben wir noch welche?
□ Nein, es sind keine mehr da.

○ Ich möchte noch Wein./Suppe./Obst.
  Haben wir noch welchen?/welche?/welches?
□ Nein, es ist keiner/keine/keins mehr da.

Lesen Sie die Dialogmodelle A und B. Schreiben Sie dann selbst Dialoge. Wählen Sie das richtige Dialogmodell.

a) Äpfel

○ *Ich brauche noch Äpfel.*
  Haben
□ *Nein,*

b) Soße

○ *Ich möchte noch Soße.*
  Haben
□ *Nein,*

c) Zitronen	f) Tomaten	i) Fleisch	l) Früchte	o) Salat
d) Eis	g) Kartoffeln	j) Tee	m) Gewürze	p) Suppe
e) Saft	h) Gemüse	k) Marmelade	n) Öl	q) Obst

Lektion 5

Nach Übung

4

im Kursbuch

6. Ergänzen Sie.

○ Peter hat morgen Geburtstag. Was meinst du, was können wir kaufen? Eine Uhr?
□ Das geht nicht. Seine Frau kauft schon eine.

a) ○ _____ Kamera?   □ Das geht nicht. Er hat schon _____.
b) ○ _____ Taschenlampe?   □ Das geht nicht. Er braucht _____.
c) ○ _____ Zigaretten?   □ Das geht nicht. Er braucht _____.
                                     Er raucht doch nicht mehr.
d) ○ _____ Geschirr?   □ Das geht nicht. Er hat schon _____.
e) ○ _____ Schnaps?   □ Das geht nicht. Er trinkt doch _____.
f) ○ _____ Wein?   □ Das geht nicht. Maria kauft schon _____.
g) ○ _____ Filme?   □ Das geht nicht. Karl kauft schon _____.
h) ○ _____ Radio?   □ Die Idee ist gut. Er hat noch _____.

Nach Übung

4

im Kursbuch

7. Ihre Grammatik. Ergänzen Sie.

der	ein	Herd	*einer*	einen	Herd	
	kein	Herd	*keiner*	keinen	Herd	
		Wein	*welcher*		Wein	
die	eine	Lampe	_____	eine	Lampe	
	keine	Lampe	_____	keine	Lampe	*keine*
		Butter	_____		Butter	
das	ein	Bett	*eins*	ein	Bett	
	kein	Bett	_____	kein	Bett	*welches*
		Öl	_____		Öl	
die (Pl.)		Eier	_____		Eier	
	keine	Eier	_____	keine	Eier	

Nach Übung

6

im Kursbuch

8. Schreiben Sie.

○ Ist der Schrank neu?
□ Nein, der ist alt.
○ Und die Lampe?
□ Die ist neu.

a) Sessel-Stühle
   ○ *Sind die Sessel neu?*
   □ *Nein, die* _____
   . . .

b) Regal – Schrank
c) Waschmaschine – Kühlschrank
d) Schreibtisch – Stuhl
e) Garderobe – Spiegel
f) Kommode – Regale
g) Bett – Lampen

58   achtundfünfzig

9. Ergänzen Sie.

Nach Übung

6

im Kursbuch

○ Was brauchen wir?

a) ☐ Ein Radio.   △ *Das* kann ich mitbringen.
b) ☐ Schnaps.   △ _____ brauchen wir nicht.
c) ☐ Brot.   △ _____ hole ich.
d) ☐ Gläser.   △ _____ habe ich.
e) ☐ Teller.   △ _____ bringe ich mit.
f) ☐ Geschirr.   △ _____ ist schon da.
g) ☐ Stühle.   △ _____ habe ich.
h) ☐ Butter.   △ _____ kaufe ich ein.
i) ☐ Bier.   △ _____ bringe ich mit.
j) ☐ Salat.   △ _____ mache ich.
k) ☐ Wein.   △ _____ haben wir schon.
l) ☐ Mineralwasser.   △ _____ kaufe ich.
m)☐ Zigaretten.   △ _____ wollen wir nicht.

10. Ihre Grammatik. Ergänzen Sie.

Nach Übung

6

im Kursbuch

a)

Der Flur, _der_ | ...ist hier.
Die Lampe, _____ |
Das Bett, _____ |
Die Möbel, _____ ...sind hier.

b)

Den Flur, _____ | ...sehe ich.
Die Lampe, _____ |
Das Bett, _____ |
Die Möbel, _____ |

11. Schreiben Sie einen Dialog.

Nach Übung

9

im Kursbuch

Du, ich habe jetzt eine Wohnung.
Und wie viele Zimmer hat sie?
Hast du auch schon Möbel?
Zwei Zimmer, eine Küche und ein Bad.
Phantastisch! Den nehme ich gern.
Ja, ich habe schon viele Sachen.
Sehr schön. Ziemlich groß und nicht zu teuer.
Ich habe noch einen Küchentisch. Den kannst du haben.
Toll! Wie ist sie denn?

○ *Du, ich habe jetzt eine Wohnung.* _____
☐ *Toll! Wie* _____
○ ...

Lektion 5

Nach Übung
9
im Kursbuch

12. Schreiben Sie einen Brief.

Tübingen, 2. Mai 1992

Liebe Tante Irmgard,

wir haben jetzt eine Wohnung in Tübingen. Sie hat zwei Zimmer, ist hell und ziemlich billig. Möbel für die Küche haben wir schon, aber noch keine Sachen für das Wohn-zimmer. Einen Schrank für das Schlafzimmer brauchen wir auch noch. Hast Du einen? Oder hast Du vielleicht noch Stühle? Schreib bitte bald!

Viele liebe Grüße

Sandra

_____ 19 _____

Lieb _____
ich _____
Sie hat _____
Sie ist _____
Ich habe schon _____
aber ich brauche noch _____

Wohnung	3 Zimmer	Schrank
Garderobe	Bad	Lampe	Küche
Herd	hell	schön	klein	teuer

Nach Übung
11
im Kursbuch

13. Was paßt?

a) Wohnort, Name, Straße, Postleitzahl, Vorname: _Adresse_____
b) Bad, Wohnzimmer, Flur, Küche, Schlafzimmer: _____
c) Keller, Erdgeschoß, 1. Stock, 2. Stock: _____
d) Stunde, Tag, Woche, Monat: _____
e) Mutter, Vater, Kinder, Eltern: _____

Nach Übung
12
im Kursbuch

14. Welches Verb paßt?

bauen	verdienen	anrufen	kontrollieren	suchen	werden

a) ein Haus   eine Garage   eine Sauna _____
b) die Heizung   den Aufzug   die Batterien _____
c) eine Wohnung   ein Zimmer   den Fehler _____
d) Geld   sehr viel   zu wenig _____
e) einen Freund   den Arzt   Johanna _____
f) Beamter   schlank   Lehrer _____

15. Was paßt zusammen? Bilden Sie Sätze.

Nach Übung

12

im Kursbuch

eigentlich	aber
a) nicht arbeiten b) einen Freund anrufen c) ein Haus kaufen d) nicht einkaufen gehen e) nicht umziehen	sie findet keins ihr Kühlschrank ist leer ihre Wohnung ist zu klein ihr Telefon ist kaputt sie muß ~~Geld verdienen~~

a) *Eigentlich möchte Veronika nicht arbeiten, aber sie muß Geld verdienen.*
Veronika möchte eigentlich nicht arbeiten, aber sie muß Geld verdienen.
b) ...

16. Welches Wort paßt?

Nach Übung

12

im Kursbuch

über   etwa   unter   zwischen   etwa   unter   von ... bis

a) Hier gibt es Sonderangebote: alle Kassetten _____ 10 Mark.
b) Der Sessel kostet _____ 300 Mark. Ich weiß es aber nicht genau.
c) Hier gibt es Spiegel _____ 20 _____ 50 Mark.
d) _____ 18 Jahren bekommt man in Gasthäusern keinen Alkohol.
e) Die Miete für Häuser in Frankfurt liegt _____ 1000 und 5000 Mark pro Monat.
f) Ich komme _____ um 6 Uhr.
g) _____ 500 Mark kann ich nicht bezahlen. Das ist zuviel.

17. Ihre Grammatik. Ergänzen Sie.

Nach Übung

12

im Kursbuch

a) Sie möchten gern bauen.
b) Sie möchten gern ein Haus bauen.
c) Sie möchten gern in Frankfurt ein Haus bauen.
d) In Frankfurt möchten sie gern ein Haus bauen.
e) Eigentlich möchten sie gern in Frankfurt ein Haus bauen.
f) Warum bauen sie nicht in Frankfurt ein Haus?

Vorfeld	Verb$_1$	Subj.	Angabe	Ergänzung	Verb$_2$
a) *Sie*	*möchten*				
b)					
c)					
d)					
e)					
f)					

Lektion 5

Nach Übung

12

im Kursbuch

18. Was ist richtig?

a) Wir möchten ein Haus   Ⓐ kaufen.
                                Ⓑ brauchen.
                                Ⓒ bauen.

e) Ihre Kinder heißen Jan und Kerstin.
     Ich kenne   Ⓐ sie.
                       Ⓑ beide.
                       Ⓒ zwei.

b) Ich finde die Wohnung nicht teuer,
     sie ist sogar   Ⓐ ziemlich wenig.
                       Ⓑ ziemlich günstig.
                       Ⓒ ziemlich billig.

f) Die Wohnung ist leer. Da ist   Ⓐ niemand.
                                        Ⓑ jemand.
                                        Ⓒ kein Mensch.

c) Das Haus kostet   Ⓐ wenig.
                       Ⓑ viel.
                       Ⓒ teuer.

g) Die Wohnung liegt nicht   Ⓐ günstig,   aber
     sie ist ziemlich billig.   Ⓑ zufrieden,
                                      Ⓒ alt,

d) Ich glaube, wir haben kein Glück,
     aber wir suchen   Ⓐ nicht weiter.
                         Ⓑ trotzdem weiter.
                         Ⓒ denn weiter.

h) Möchten Sie den Tee mit Milch
     oder   Ⓐ ohne?
                 Ⓑ gern?
                 Ⓒ für?

Nach Übung

15

im Kursbuch

19. Lesen Sie den Text im Kursbuch, Seite 63.

A. Ergänzen Sie den Text.

Familie Höpke _____ in Steinheim. Ihre Wohnung _____
nur drei Zimmer. Das ist zu _____, denn die _____ möch-
ten beide ein _____. Die Wohnung ist nicht _____ und
auch _____ teuer. Aber Herr Höpke _____ in Frankfurt.
Er muß morgens und _____ immer über eine _____ fahren.
Herr Höpke _____ in Frankfurt wohnen, aber dort _____
die _____ zu teuer. So viel Geld kann er für die Miete nicht
_____. Aber Höpkes _____ weiter. _____
haben sie ja Glück.

B. Schreiben Sie einen ähnlichen Text.

Familie Wiegand wohnt in _____

Nach Übung

17

im Kursbuch

20. Was ist Nummer...?

1. *das Dach*
2. _____
3. _____
4. _____
5. _____
6. _____
7. _____
8. _____
9. _____

10. _____
11. _____
12. _____
13. _____

62   zweiundsechzig

21. „Haben" oder „machen"? Was paßt?

a) Glück _____   c) Lärm _____   e) Zeit _____   g) Platz _____

b) Krach _____   d) Lust _____   f) Ordnung _____   h) Streit _____

Nach Übung
18
im Kursbuch

22. Ergänzen Sie.

Nach Übung
18
im Kursbuch

> Ap – barn – Dach – de – E̶r̶ – fort – gel – haus – Hoch – Hof – Kom – Krach – Lärm –
> l̶a̶u̶b̶ – ment – Mi – Mie – mie – Nach – n̶i̶s̶ – nu – par – Platz – Streit – te – te – ten – ter –
> Ver – Vö – Wän

a) Es ist nicht verboten, wir haben die _____*Erlaubnis*_____ .

b) Auf dem Haus ist das _____ .

c) Eine Stunde hat 60 _____ .

d) Dort kann man wohnen: _____ und _____ .

e) Hier spielen die Kinder manchmal: _____ .

f) Auch ein Ehepaar hat manchmal _____ .

g) Die Miete bekommt der _____ .

h) Beide Familien wohnen im zweiten Stock, sie sind _____ .

i) Morgens singen die _____ .

j) Ein Zimmer hat vier _____ .

k) Beide Kinder haben ein Zimmer, wir haben viel _____ .

l) Eine Wohnung mit _____ ist teuer.

m) Die Wohnung kostet 570 Mark _____ pro Monat.

n) Das ist sehr laut und stört die Nachbarn: _____ und

_____ .

23. „In", „an", „auf" + Dativ. Ergänzen Sie Präposition und Artikel.

Nach Übung
18
im Kursbuch

a) Hier siehst du Ulrich _____ d_____ Badewanne
und _____ d_____ Toilette.

b) Und hier ist er _____ sein_____ Zimmer
_____ Fenster.

c) Hier ist Ulrich _____ d_____ Küche _____
sein_____ Kinderstuhl.

d) Und hier ist er _____ d_____ Wohnung von
Frau Haberl, _____ ihr _____ Keller und
_____ ihr_____ Terrasse.

e) Hier siehst du Ulrich zu Hause _____ d_____
Balkon und _____ Herd.

f) Hier sind wir mit Ulrich _____ ein_____
Gasthof.

g) Und da spielt er _____ d_____ Garagendach.

h) Und hier ist er _____ Telefon, er ruft seine Oma an.

Lektion 5

Nach Übung

18

im Kursbuch

24. Was paßt hier?

a) Wann bekommen wir _____ das Geld? Wir warten schon drei Wochen.
   Ⓐ bald   Ⓑ vorher   Ⓒ endlich

b) Ich finde die Wohnung _____ schön, sie ist sogar ziemlich häßlich.
   Ⓐ genug   Ⓑ zuerst   Ⓒ gar nicht

c) Das Appartement ist ziemlich groß und kostet _____.
   Ⓐ wenig   Ⓑ billig   Ⓒ günstig

d) Ein Haus ist viel zu teuer, das kann ja _____ bezahlen.
   Ⓐ niemand   Ⓑ jeder   Ⓒ jemand

e) Sie können manchmal feiern, aber Sie müssen _____ die Nachbarn informieren.
   Ⓐ sonst   Ⓑ vorher   Ⓒ gerne

f) Eine Lampe für 30 Mark und eine sogar für 20! Das ist billig, ich nehme _____.
   Ⓐ gern   Ⓑ beide   Ⓒ zusammen

g) Ich arbeite 8 Stunden, _____ 7 _____ 15 Uhr.
   Ⓐ um . . . und bis   Ⓑ zwischen . . . und   Ⓒ von . . . bis

h) Wir gehen nicht spazieren, es ist ziemlich kalt _____.
   Ⓐ sonst   Ⓑ draußen   Ⓒ etwa

i) Manchmal bin ich _____ gar nicht müde, dann lese ich.
   Ⓐ ohne   Ⓑ nachts   Ⓒ ziemlich

j) _____ trinke ich immer Tee, aber heute möchte ich Kaffee.
   Ⓐ Sonst   Ⓑ Vorher   Ⓒ Endlich

Nach Übung

18

im Kursbuch

25. Welches Modalverb paßt? Ergänzen Sie „können", „möchten", „müssen".

○ Sie _____ doch jetzt nicht mehr
   feiern!

□ Und warum nicht? Ich _____
   morgen nicht arbeiten und _____
   lange schlafen.

○ Aber es ist 22 Uhr. Wir _____
   schlafen, wir _____ um sechs
   Uhr aufstehen.

□ Und wann _____ ich dann fei-
   ern? Vielleicht mittags um zwölf? Da hat
   doch niemand Zeit, da _____
   doch niemand kommen.

○ Das ist Ihr Problem. Jetzt _____
   Sie leise sein, sonst holen wir die Polizei.

26. Was paßt zusammen? Lesen Sie vorher den Text im Kursbuch auf Seite 67.

Nach Übung
20
im Kursbuch

A	Urlaub auf Hiddensee	1	liegt direkt am Strand.	A	
B	Autos dürfen	2	Ruhe finden.	B	
C	Die Insel	3	sogar ein Reisebüro.	C	
D	Strände und Natur	4	hier nicht fahren.	D	
E	Das Hotel	5	haben viel Komfort.	E	
F	Hier kann man	6	sind noch ziemlich sauber.	F	
G	Die Zimmer	7	ist ein Naturschutzgebiet.	G	
H	Im Hotel gibt es	8	ist ein Erlebnis.	H	

27. Ergänzen Sie.

Nach Übung
20
im Kursbuch

Industrie Natur
Hotel Urlaub

a) Wald, Wiese, Vögel: _____
b) herstellen, Export, Maschinen: _____
c) Zeit haben, Sonne, Meer: _____
d) Information, Rezeption, Zimmer: _____

28. Schreiben Sie einen Brief.

Nach Übung
20
im Kursbuch

A. Hanne macht Urlaub auf der Insel Rügen. Sie ist nicht zufrieden. Sie schreibt eine Karte an Margret. Lesen Sie die Karte.

Liebe Margret,
viele Grüße von der Insel Rügen. Ich bin jetzt schon zwei Wochen hier, aber der Urlaub ist nicht sehr schön. Das Hotel ist laut, es ist nicht sauber, und wir haben keinen Komfort. Die Zimmer sind häßlich und teuer, und das Essen schmeckt nicht besonders gut. Die Diskothek ist geschlossen, und das Hallenbad auch.
Ich kann eigentlich nur spazierengehen, aber das ist auch nicht sehr schön, denn hier fahren ziemlich viele Autos, das stört.
Am Dienstag bin ich wieder zu Hause. Viele Grüße, Hanne.

Was findet Hanne nicht gut?
Notieren Sie.

Hotel laut,
nicht
Zimmer
_____
_____
_____

B. Schreiben Sie den Brief positiv. Ihr Urlaub ist schön, Sie sind zufrieden.

Liebe Margret,
viele Grüße von der Insel Rügen. Ich bin..., und der Urlaub ist phantastisch. Das Hotel...

Lektion 6

Wortschatz

Verben

aufwachen 74
bedeuten 72
bleiben 71, 75
dauern 79
einpacken 78

einschlafen 74
gehen 70
helfen 74
hinfallen 76
klingeln 74

mitnehmen 78
packen 78
passieren 76
recht haben 72
sollen 72

stehen 74
tun 65, 69, 73
verstehen 19, 72

Nomen

e Angst, ¨e 74
e Apotheke, -n 72
e Ärztin, -nen /
   r Arzt, ¨e 69, 72
s Auge, -n 70
r Bahnhof, ¨e 78
r Bauch, ¨e 70, 71
s Bein, -e 70
s Beispiel, -e 72
e Brust 70, 71, 72,
   73
e Chefin, -nen / r Chef,
   -s 75
r Doktor, -en 69, 72
Dr. = Doktor 72
s Drittel, - 74
e Drogerie, -n 72
e Erkältung, -en 74

e Frage, -n 72
r Fuß, ¨e 69, 70
r Fußball 70
e Geschichte, -n 76
e Gesundheit 69, 72
s Grad, -e 74
e Grippe 71
r Hals, ¨e 70, 72
e Hand, ¨e 71
r Handschuh, -e 78
r Husten 71
s Knie, - 70
r Koffer, - 78
e Kollegin, -nen /
   r Kollege, -n 76
r Konflikt, -e 74
r Kopf, ¨e 71
r Krankenschein, -e 78

e Krankheit, -en 70, 72
s Licht 74
e Luft 74
r Magen, ¨ 72, 73
s Medikament, -e 72,
   74, 78
r Mund, ¨er 70
e Mütze, -n 78
e Nacht, ¨e 74
e Nase, -n 70, 71
s Obst 73
s Papier 74, 78
e Pflanze, -n 72
s Pflaster, - 78
r Pullover, - 78
r Rat, Ratschläge 71, 72
r Ratschlag, ¨e 73, 74
r Rücken, - 70

r Schmerz, -en 71, 72,
   73, 74
r Schnupfen 71, 74
s Spiel, -e 75
r Sport 72, 74
e Sprechstunde, -n 69,
   72
e Tablette, -n 71, 73
s Thema, Themen 72
r Tip, -s 74
r Tropfen, - 72
s Verbandszeug 78
e Verstopfung 73
r Wecker, - 74
s Wochenende, -n 75
r Zahn, ¨e 70, 71

Adjektive

arm 69
dick 73
erkältet 71
gebrochen 77

gefährlich 72
gesund 69, 72
gleich 74
heiß 74

krank 69, 70, 74
kühl 69
müde 74
nervös 72

reich 69
schlimm 72, 75
schwer 74
vorsichtig 72, 73

Adverbien

bestimmt 75
bloß 76
einmal 74

genau 75
häufig 74
höchstens 74

lange 72
plötzlich 77
täglich 69

unbedingt 72, 74
wirklich 75, 76

Funktionswörter

ander- 72
soviel 72

über 72

Ausdrücke

ein bißchen 75
Sport treiben 72, 74

weh tun 70
zum Beispiel 72, 74

Grammatik

Possessivartikel (§ 6)

	Maskulinum	*Femininum*	*Neutrum*	*Plural: Mask. / Fem. / Neutrum*
er	<u>sein</u> Stuhl	<u>seine</u> Lampe	<u>sein</u> Regal	<u>seine</u> Stühle / Lampen / Regale
sie	<u>ihr</u> Stuhl	<u>ihre</u> Lampe	<u>ihr</u> Regal	<u>ihre</u> Stühle / Lampen / Regale
es	<u>sein</u> Stuhl	<u>seine</u> Lampe	<u>sein</u> Regal	<u>seine</u> Stühle / Lampen / Regale
wir	<u>unser</u> Stuhl	<u>unsere</u> Lampe	<u>unser</u> Regal	<u>unsere</u> Stühle / Lampen / Regale
ihr	<u>euer</u> Stuhl	<u>eure</u> Lampe	<u>euer</u> Regal	<u>eure</u> Stühle / Lampen / Regale
sie	<u>ihr</u> Stuhl	<u>ihre</u> Lampe	<u>ihr</u> Regal	<u>ihre</u> Stühle / Lampen / Regale

Perfekt (§ 29, 30 und 37)

Bring die Bierflaschen nach unten.
Wann kommt der Arzt?

Die <u>habe</u> ich gestern nach unten <u>gebracht</u>.
Der <u>ist</u> schon <u>gekommen</u>.

Perfekt mit „sein" bei diesen Verben:

aufstehen	ist aufgestanden	mitkommen	ist mitgekommen
aufwachen	ist aufgewacht	passieren	ist passiert
bleiben	ist geblieben	radfahren	ist radgefahren
einschlafen	ist eingeschlafen	reisen	ist gereist
eintreten	ist eingetreten	schwimmen	ist geschwommen
einziehen	ist eingezogen	sein	ist gewesen
fahren	ist gefahren	spazierengehen	ist spazierengegangen
gehen	ist gegangen	stehen	ist / hat gestanden
hinfallen	ist hingefallen	umziehen	ist umgezogen
kommen	ist gekommen	werden	ist geworden

Imperativ (§ 26 und 34)

<u>Nimm</u> doch noch etwas Fleisch, <u>Lea</u>!
<u>Nehmt</u> doch noch etwas Fleisch, <u>Lea und Christian</u>!
<u>Nehmen Sie</u> doch noch etwas Fleisch, <u>Frau Wieland</u>!

Modalverb „sollen" (§ 25 und 35)

kann schlimm sein! Sie müssen viel spazierengehen. Trinken Sie keinen Kaffee und keinen Wein. Sie dürfen auch nicht fett essen.

Dr. Braun schreibt, ich <u>soll</u> viel spazierengehen.
Ich <u>soll</u> keinen Kaffee und keinen Wein trinken,
und ich <u>soll</u> auch nicht fett essen.

Lektion 6

Nach Übung

1

im Kursbuch

1. Was paßt nicht?

a) Auge – Ohr – Bein – Nase

b) Arm – Zahn – Hand – Finger

c) Kopf – Gesicht – Augen – Fuß

d) Rücken – Bauch – Brust – Ohr

e) Bauch – Mund – Nase – Zahn

f) Zeh – Fuß – Hand – Bein

Nach Übung

2

im Kursbuch

2. Ergänzen Sie.

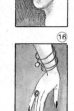

Nummer 1 ist *seine Nase*

Nummer 2 ist _____

Nummer 3 ist *ihr Arm*

Nummer 4 ist _____

Nummer 5 ist _____

Nummer 6 ist _____

Nummer 7 ist _____

Nummer 8 ist _____

Nummer 9 ist _____

Nummer 10 ist _____

Nummer 11 ist _____

Nummer 12 ist _____

Nummer 13 ist _____

Nummer 14 ist _____

Nummer 15 ist _____

Nummer 16 ist _____

3. Bilden Sie den Plural.

a) _____ Hand, _____

b) _____ Arm, _____

c) _____ Nase, _____

d) _____ Finger, _____

e) _____ Gesicht, _____

f) _____ Fuß, _____

g) _____ Auge, _____

h) _____ Rücken, _____

i) _____ Bein, _____

j) _____ Ohr, _____

k) _____ Kopf, _____

l) _____ Zahn, _____

4. Welches Verb paßt?

Nach Übung
5
im Kursbuch

| sein | brauchen | beantworten | verstehen | nehmen | haben |

a) recht   Schmerzen   Grippe _____
b) Deutsch   ein Gespräch   das Problem _____
c) Tropfen   ein Bad   Medikamente _____
d) eine Frage   einen Brief   nicht alles _____
e) krank   schlimm   erkältet _____
f) Tabletten   einen Arzt   einen Rat _____

5. Was muß Herr Kleimeyer tun? Was darf er nicht? Schreiben Sie.

Nach Übung
6
im Kursbuch

a) erkältet
   im Bett bleiben
   schwimmen gehen
   Nasentropfen nehmen

Herr Kleimeyer ist erkältet.
Er muß im Bett bleiben.
Er darf nicht schwimmen gehen.
Er muß Nasentropfen nehmen.

b) nervös
   rauchen
   Gymnastik machen
   viel spazierengehen

c) Kopfschmerzen
   nicht rauchen
   spazierengehen
   Alkohol trinken

d) Magenschmerzen
   Tee trinken
   Wein trinken
   fett essen

e) zu dick
   viel Sport treiben
   Schokolade essen
   eine Diät machen

f) nicht schlafen können
   abends schwimmen gehen
   abends viel essen
   Kaffee trinken

g) Magengeschwür
   viel arbeiten
   den Arzt fragen
   vorsichtig leben

6. „Können", „müssen", „dürfen", „sollen", „wollen", „möchten"?

Nach Übung
6
im Kursbuch

a) Frau Moritz:
Ich _____ jeden Monat zum Arzt gehen. Der Arzt sagt, ich _____ dann am Morgen nichts essen und trinken, denn er _____ mein Blut untersuchen. Jetzt warte ich hier schon 20 Minuten, und ich _____ eigentlich gern etwas essen. Aber ich _____ noch nicht.

b) Herr Becker:
Ich habe immer Schmerzen im Rücken. Der Arzt sagt, ich _____ Tabletten nehmen. Aber das _____ ich nicht, denn dann bekomme ich immer Magenschmerzen. Meine Frau sagt, ich _____ jeden Morgen Gymnastik machen. Aber das _____ ich auch nicht, denn ich habe oft keine Zeit. Meine Kollegen meinen, ich _____ zu Hause bleiben, aber ich _____ doch Geld verdienen.

c) Herr Müller:

Ich habe Schmerzen im Bein. Ich _____ nicht gut gehen. Der Arzt sagt, ich _____ oft schwimmen gehen, aber ich habe immer so wenig Zeit. Ich _____ bis 18 Uhr arbeiten.

d) Karin:

Ich _____ nicht zum Doktor, denn er tut mir immer weh. Ich _____ keine Tabletten nehmen. Immer sagt er, ich _____ morgens, mittags und abends Tabletten nehmen. Ich _____ das nicht mehr.

Nach Übung

6

im Kursbuch

7. „Müssen" oder „sollen"? „Nicht dürfen" oder „nicht sollen"?

○ Herr Doktor, ich habe immer so Magen-
  schmerzen.
□ Herr Keller, Sie müssen vorsichtig sein, Sie
  dürfen nicht so viel arbeiten.
□ Herr Doktor, ich habe immer…
○ Herr Keller,

a) Sie _müssen_ viel schlafen. →
b) Sie _____ viel Obst essen. →
c) Sie _____ nicht Fußball spielen. →
d) Sie _____ Tabletten nehmen. →
e) Sie _____ keinen Kuchen essen. →
f) Sie _____ nicht so viel rauchen. →
g) Sie _____ oft schwimmen gehen. →
h) Sie _____ keinen Wein trinken. →
i) Sie _____ nicht fett essen. →

○ Was sagt der Arzt, Markus?
□ Er sagt, ich soll vorsichtig sein, und ich soll
  nicht so viel arbeiten.

□ Was sagt der Arzt, Markus?
○ Er sagt,
  ich soll viel schlafen.
  _____
  _____
  _____
  _____
  _____
  _____
  _____
  _____

8. Bilden Sie den Imperativ.

☐ Was soll ich denn machen?
a) schwimmen gehen
○ *Geh doch schwimmen!*
b) eine Freundin besuchen
c) Freunde einladen
d) spazierengehen
e) etwas lesen
f) eine Stunde schlafen
g) das Kinderzimmer aufräumen
h) einen Brief schreiben
i) einkaufen gehen
j) das Geschirr spülen
k) das Abendessen vorbereiten
l) fernsehen
m) endlich zufrieden sein

9. Wie heißt das Gegenteil?

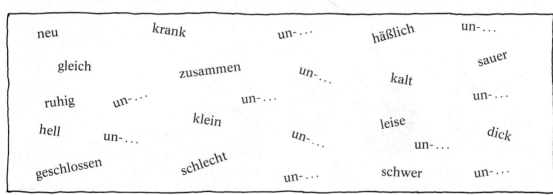

neu   krank   un-···   häßlich   un-···

gleich   zusammen   un-···   kalt   sauer

ruhig   un-···   un-···   un-···

hell   un-···   klein   leise   dick   un-···

geschlossen   schlecht   un-···   schwer   un-···

a) alt _____
b) gefährlich _____
c) glücklich _____
d) bequem _____
e) gut _____
f) modern _____
g) vorsichtig _____
h) zufrieden _____
i) leicht _____
j) heiß _____
k) nervös _____
l) süß _____
m) ehrlich _____
n) gesund _____
o) schlank _____
p) verschieden _____
q) schön _____
r) günstig _____
s) wichtig _____
t) laut _____
u) groß _____
v) dunkel _____
w) geöffnet _____
x) getrennt _____

Lektion 6

Nach Übung

15

im Kursbuch

10. Ilona Zöllner hat auf dem Schiff „MS Astor" Urlaub gemacht. Was hat sie dort jeden Tag gemacht? Schreiben Sie.

a) *Um halb neun ist...*

b) *Dann...*

c) *Danach...*

d) *Sie hat...*

e) *und...*

f) *Um ein Uhr...*

g) *Von drei bis vier Uhr...*

h) *Dann...*

i) *Um fünf Uhr...*

j) *Danach...*

k) *Um sechs Uhr...*

l) *Abends...*

11. Ihre Grammatik. Ergänzen Sie.

Nach Übung

15

im Kursbuch

* Perfekt mit sein

Infinitiv	Partizip II	Infinitiv	Partizip II	Infinitiv	Partizip II
anfangen	angefangen	_____	funktioniert	_____	geschnitten
_____	angerufen	_____	gegeben	_____	geschrieben
_____	geantwortet	_____	gegangen*	_____	geschwommen*
_____	gearbeitet	_____	geglaubt	_____	gesehen
_____	aufgehört	_____	geguckt	_____	gewesen*
_____	aufgemacht	_____	gehabt	_____	spazieren-
_____	aufgeräumt	_____	geheißen	_____	gegangen*
_____	aufgestanden*	_____	geholfen	_____	gespielt
_____	ausgegeben	_____	hergestellt	_____	gesprochen
_____	ausgesehen	_____	geholt	_____	gespült
_____	gebadet	_____	gehört	_____	stattgefunden
_____	gebaut	_____	informiert	_____	gestanden
_____	beantwortet	_____	gekauft	_____	gestimmt
_____	bedeutet	_____	gekannt	_____	gestört
_____	bekommen	_____	geklingelt	_____	studiert
_____	beschrieben	_____	gekocht	_____	gesucht
_____	bestellt	_____	gekommen*	_____	getanzt
_____	besucht	_____	kontrolliert	_____	telefoniert
_____	bezahlt	_____	korrigiert	_____	getroffen
_____	geblieben*	_____	gekostet	_____	getrunken
_____	gebraucht	_____	gelebt	_____	getan
_____	gebracht	_____	geliehen	_____	umgezogen*
_____	diskutiert	_____	gelernt	_____	verboten
_____	geduscht	_____	gelesen	_____	verdient
_____	eingekauft	_____	gelegen	_____	vergessen
_____	eingeladen	_____	gemacht	_____	verglichen
_____	eingeschlafen*	_____	gemeint	_____	verkauft
_____	entschieden	_____	gemessen	_____	verstanden
_____	erzählt	_____	mitgebracht	_____	vorbereitet
_____	gegessen	_____	genommen	_____	vorgehabt
_____	gefahren*	_____	gepaßt	_____	gewartet
_____	gefeiert	_____	passiert*	_____	gewaschen
_____	ferngesehen	_____	geraucht	_____	weitergesucht
_____	gefunden	_____	gesagt	_____	gewußt
_____	fotografiert	_____	geschaut	_____	gewohnt
_____	gefragt	_____	geschlafen	_____	gezeichnet
_____	gefrühstückt	_____	geschmeckt	_____	zugehört

Lektion 6

Nach Übung

15

im Kursbuch

12. Ergänzen Sie die Übersicht.

Sie finden Beispiele in Übung 11.

-t		-en	
	ge ▨ t		ge ▨ en
hat	gekauft	hat	getroffen
hat	gearbeitet	ist	gegangen
	▨ ge ▨ t		▨ ge ▨ en
hat	aufgeräumt	hat	ferngesehen
		ist	eingeschlafen
	▨ t		▨ en
hat	verkauft	hat	bekommen

74   vierundsiebzig

13. Welche Form paßt nicht in die Gruppe?

Nach Übung
15
im Kursbuch

a) A) angefangen
    B) eingeschlafen
    C) eingekauft
    D) mitgekommen

c) A) gefragt
    B) geschlafen
    C) gehabt
    D) gefrühstückt

e) A) aufgehängt
    B) hergestellt
    C) mitgenommen
    D) aufgeräumt

g) A) gebraucht
    B) gearbeitet
    C) gewartet
    D) geantwortet

b) A) geschrieben
    B) umgezogen
    C) gegangen
    D) geblieben

d) A) geholfen
    B) genommen
    C) gesprochen
    D) gekauft

f) A) passiert
    B) fotografiert
    C) ferngesehen
    D) studiert

h) A) geschwommen
    B) gefunden
    C) getrunken
    D) gesucht

14. Welches Wort paßt?

Nach Übung
15
im Kursbuch

a) Sie müssen _____ zum Arzt gehen.
b) Mein Magen hat _____ weh getan,
    ich habe sofort eine Tablette genommen.
c) Was hast du denn _____ gemacht?
d) Ich bin nicht wirklich krank, ich bin _____
    ein bißchen erkältet.
e) 5000 Mark, das ist _____! Ich bezahle
    _____ 3000.
f) ○ _____ gehst du denn schwimmen?
    □ Nicht so _____, nur jeden Montag.
g) Bis Sonntag bist du _____ wieder gesund.
h) Möchtest du noch _____ Milch?
i) Du mußt _____ mitkommen, es ist sehr wichtig.
j) Ich habe nicht viel Zeit, _____ eine Stunde.
k) Ich kann nicht mitspielen. Ich bin _____ krank.

bestimmt   bloß   gar nicht
        oft
ein bißchen   gern   nur
häufig   höchstens   unbedingt
    wie lange   wie oft
plötzlich   fast   spät
selbst   wirklich
    zuviel
unbedingt   höchstens

15. Bilden Sie den Imperativ.

Nach Übung
17
im Kursbuch

□ Was sollen wir denn machen?
a) schwimmen gehen
    ○ *Geht doch schwimmen!*

b) Musik hören
c) Freunde besuchen
d) Freunde einladen
e) Fußball spielen
f) einkaufen gehen
g) für die Schule arbeiten
h) fernsehen
i) ein bißchen aufräumen
j) ein Buch lesen
k) spazierengehen
l) Musik machen
m) endlich zufrieden sein

Lektion 6

Nach Übung

17

im Kursbuch

16. Ihre Grammatik. Ergänzen Sie den Imperativ.

	du	ihr	Sie
kommen		*kommt*	
geben			
essen	*iß*		
lesen			
nehmen			
sprechen			*sprechen Sie*
vergessen			
einkaufen			
(ruhig) sein			

Nach Übung

17

im Kursbuch

17. Ihre Grammatik. Ergänzen Sie.

a) Nehmen Sie abends ein Bad.
b) Ich soll abends ein Bad nehmen.

c) Sibylle hat abends ein Bad genommen.
d) Trink nicht so viel Kaffee!

	Vorfeld	Verb$_1$	Subj.	Angabe	Ergänzung	Verb$_2$
a) _____		*Nehmen*	*Sie*	*abends*	*ein Bad !*	
b) _____						
c) _____						
d) _____						

Nach Übung

20

im Kursbuch

18. Schreiben Sie einen Brief.

Sie haben einen Skiunfall gehabt. Schreiben Sie an einen Freund/eine Freundin.

am Nachmittag Ski gefahren   zum Arzt gegangen
nicht vorsichtig gewesen   Fuß hat sehr weh getan phantastisch
schon zwei Wochen in Lenggries   nicht mehr Ski fahren dürfen
morgen nach Hause fahren   gefallen
      aber gestern Unglückstag

Lenggries, ...

Lieb ...
ich bin schon zwei ...
Der Urlaub war ...
Aber gestern ...

Wortschatz

Verben

abfahren 88
abholen 86, 87, 89
abstellen 85
ansehen 91
anstellen 85
ausmachen 85
aussteigen 88, 89
ausziehen 84, 90

einsteigen 91
fallen 82
geben 89
gewinnen 84
gießen 81, 85
heiraten 82, 83, 84
kennenlernen 83
kündigen 84

lassen 87
malen 81
merken 89
operieren 84
parken 88
putzen 85
rufen 89
sitzen 88

telefonieren 86, 89
tragen 89
überlegen 82
vorbeikommen 90
wecken 86
wegfahren 83
weinen 89

Nomen

e Adresse, -n 90
r April 83
r August 83
e Autobahn, -en 88
e Bank, ⁻e 89
r Bericht, -e 89
r Besuch, -e 82
e Blume, -n 81, 85
r Boden, ⁻ 91
r Brief, -e 72, 78
s Büro, -s 82, 86
e Decke, -n 91
r Dezember 83
s Fahrrad, ⁻er 81
e Farbe, -n 90

r Februar 83
e Freundin, -nen /
   r Freund, -e 42, 51,
   54, 66, 75, 86
e Haltestelle, -n 86
r Handwerker, - 90
e Heizung 85
e Jacke, -n 89
r Januar 83
r Juni 83
e Katze, -n 85
r Kindergarten, ⁻ 86
r Knopf, ⁻e 85
r Lehrling, -e 82
s Loch, ⁻er 90

r Mai 83
r Maler, - 90
r Mann, ⁻er 84
r März 83
e Möglichkeit, -en 84
r November 83
r Oktober 83
r Parkplatz, ⁻e 88, 89
s Pech 90
e Polizei 89, 91
e Polizistin, -nen /
   r Polizist, -en 84, 89
e Prüfung, -en 82, 83
e Reise, -n 84
e Sache, -n 84

e Schule, -n 87
r September 83
e Stadt, ⁻e 90
r Supermarkt, ⁻e 86
s Theater, - 81
e Treppe, -n 84
e Tür, -en 90, 91
r Unfall, ⁻e 83, 84
r Vater, ⁻ 83, 85
e Wand, ⁻e 90
e Welt 84
r Zettel, - 41, 87, 91

Adjektive

falsch 90

schrecklich 84

still 88

Adverbien

allein 87, 88, 89
auf einmal 88, 89
außerdem 82

diesmal 90
einfach 88
gerade 82

gestern 90, 92
letzt- 83
selbstverständlich 85

wieder 84, 87, 90
wohl 84

Ausdrücke

Besuch haben 83
Bis bald! 90
da sein 88

ein paar 84
Grüß dich! 83
Klar! 85

nach Hause 86, 90
verabredet sein 83
weg sein 88

Lektion 7

Grammatik

Perfekt: Partizip bei trennbaren Verbzusätzen (§ 30 und 36)

an	hat angefangen	fern	hat ferngesehen	statt	hat stattgefunden
auf	hat aufgehängt	her	hat hergestellt	um	ist umgezogen
aus	hat ausgegeben	hin	ist hingefallen	vor	hat vorgehabt
ein	hat eingekauft	mit	hat mitgebracht	zu	hat zugehört

Perfekt: Partizip ohne „ge" (§ 30)

be-	z.B.	bekommen	hat bekommen	ver-	z.B.	verbieten	hat verboten
		beschreiben	hat beschrieben			vergessen	hat vergessen
		betreiben	hat betrieben			vergleichen	hat verglichen
ent-	z.B.	entscheiden	hat entschieden			verstehen	hat verstanden
er-	z.B.	erkennen	hat erkannt	*Verben auf* -ieren,			
		erzählen	hat erzählt		z.B.	operieren	hat operiert
		erziehen	hat erzogen			passieren	ist passiert

Präteritum: „haben" und „sein"

	ich	du	Sie	er/sie/es	wir	ihr	Sie	sie
haben	hatte	hattest	hatten	hatte	hatten	hattet	hatten	hatten
sein	war	warst	waren	war	waren	wart	waren	waren

Wohin? (§ 2, 16a und 45)

Wohin gehst du? Wohin fährst du?

In den Supermarkt.	Zum Arzt.	Nach Hause.
In den Kindergarten.	Zum Kiosk.	Nach Lenggries.
In die Schule.	Zur Haltestelle.	
Ins Büro.	Zur Telefonzelle.	
Ins Bett.		

Personalpronomen im Akkusativ (§ 11 und 41)

Jens schläft noch. Man muß ihn wecken.
Anna ist müde. Man muß sie ins Bett bringen.
Das Zimmer ist schön. Jemand hat es aufgeräumt.
Die Schuhe sind sauber. Wer hat sie geputzt?

1. Welches Verb paßt?

a) einen Brief   eine Karte   ein Buch   einen Satz   _____
b) Wasser   Saft   Bier   Kaffee   Tee   _____
c) das Auto   die Wäsche   die Hände   die Füße   _____
d) eine Prüfung   das Essen   einen Ausflug   ein Foto   _____
e) einen Kaffee   das Essen   eine Suppe   Wasser   _____
f) Deutsch   Ski fahren   einen Beruf   kochen   _____
g) Fahrrad   Auto   Ski   _____
h) ins Büro   ins Theater   tanzen   ins Bett   einkaufen   _____
i) Freunde   Jochen   Frau Baier   einen Kollegen   _____
j) Lebensmittel   Obst   im Supermarkt   _____

einkaufen   fahren
gehen   treffen
kochen   lernen
machen
waschen
schreiben
trinken

Nach Übung
2
im Kursbuch

2. Was hat Familie Tietjen am Sonntag gemacht? Schreiben Sie.

Nach Übung
2
im Kursbuch

a) Frau Tietjen

Am Morgen:	lange schlafen
	duschen
Am Mittag:	das Essen kochen
Am Nachmittag:	Briefe schreiben
	Radio hören
Am Abend:	das Abendessen machen
	die Kinder ins Bett bringen

Am Morgen hat sie lange geschlafen und dann
Am Mittag hat sie _____
Am Nachmittag _____
Am _____

b) Herr Tietjen

Am Morgen:	mit den Kindern frühstücken
	Auto waschen
Am Mittag:	das Geschirr spülen
Am Nachmittag:	im Garten arbeiten
	mit dem Nachbarn sprechen
Am Abend:	im Fernsehen einen Film sehen
Um halb elf:	ins Bett gehen

c) Sonja und Ulla

Am Morgen:	im Kinderzimmer spielen
	Bilder malen
Am Mittag:	um halb eins essen
Am Nachmittag:	Freunde treffen
	zu Oma und Opa fahren
Am Abend:	baden
	im Bett lesen

Lektion 7

Nach Übung

2

im Kursbuch

3. Ihre Grammatik. Lesen Sie zuerst das Grammatikkapitel 29 auf S. 140 im Kursbuch. Ergänzen Sie dann.

arbeiten   holen   frühstücken   ~~hören~~   weinen   schmecken   packen   ~~schwimmen~~
baden   finden   kaufen   trinken   warten   spülen
fallen   tanzen   fahren   kochen   kommen   sehen
bauen   lernen   leben   fragen   gehen   feiern   stehen
sein   geben   schlafen   lesen   spielen   bleiben
duschen   machen   heiraten   messen   rauchen   waschen   wohnen   ~~treffen~~
schreiben

a)   ge–t (ge–et)

hat | *gehört*
    | ...

b)   ge–en

hat | *getroffen*
    | ...

ist | *geschwommen*
    | ...

Nach Übung

3

im Kursbuch

4. Der Privatdetektiv Holler hat Herrn Arendt beobachtet und Notizen gemacht.

a) Ergänzen Sie die Notizen.

anrufen   trinken   sein   spazierengehen   bringen
~~kommen~~   kaufen   warten   fahren   lesen
sprechen   einkaufen   gehen   parken

Dienstag, 7. Juni

7.30 Uhr	aus dem Haus *gekommen.*
7.32 Uhr	an einem Kiosk eine Zeitung _____
7.34 – 7.50 Uhr	im Auto _____ und Zeitung _____
7.50 Uhr	zum City-Parkplatz _____
8.05 Uhr	auf dem City-Parkplatz _____
8.10 Uhr	in ein Café _____ und einen Kaffee _____
8.20 Uhr	mit einer Frau _____
bis 9.02 Uhr	im Café _____
bis 9.30 Uhr	im Stadtpark _____
9.30 Uhr	im HL-Supermarkt Lebensmittel _____
9.40 Uhr	Lebensmittel ins Auto _____
9.45 Uhr	in einer Telefonzelle jemanden _____

b) Was hat Herr Arendt gemacht? Schreiben Sie Sätze.

Um 7.30 Uhr ist Herr A. aus dem Haus gekommen. Er...
Dann...   Um 7.50 Uhr...

5. Ihre Grammatik. Lesen Sie zuerst das Grammatikkapitel 30 auf S. 140 im Kursbuch. Ergänzen Sie dann.

Nach Übung
4
im Kursbuch

bleiben   anrufen   fernsehen   glauben   mitbringen   antworten
klingeln   spazierengehen   leihen   umziehen   einschlafen   sehen
aufmachen   kommen   aufräumen   fallen   aufstehen   zuhören   suchen
herstellen   wissen   kennenlernen   wegfahren   stattfinden   überlegen
vorbereiten   verkaufen   weitersuchen   hören

a)   -ge–t (-ge–et)

hat | *zugehört*
     | ...

    ge–t (ge–et)

hat | *gehört*
     | ...

    –t (–et)

hat | *verkauft*
     | ...

b)   -ge–en

hat | *ferngesehen*
     | ...

    ist | *aufgestanden*
         | ...

    ge–en

hat | *gesehen*
     | ...

    ist | *geblieben*
         | ...

6. Das Präteritum von „sein" und „haben".

Nach Übung
5
im Kursbuch

a) ○ Was ist passiert?
   □ Ich _____ Pech, ich bin gefallen.
b) ○ Warum seid ihr am Dienstag nicht gekommen? Wo _____ ihr?
   □ Wir _____ zu Hause. Wir _____ Besuch.
c) ○ Welchen Beruf _____ dein Großvater?
   □ Er _____ Bäcker.
d) ○ Wie geht es den Kindern?
   □ Jetzt wieder gut; aber sie _____ beide Grippe und _____ zehn Tage
      nicht in der Schule.
e) ○ Warum sprichst du nicht mehr mit Thomas? _____ ihr Streit?
   □ Ja!
f) ○ Warum hast du so lange nicht angerufen? _____ du keine Zeit oder
      _____ du im Urlaub?
   □ Nein, ich _____ einen Unfall und _____ drei Wochen im Kranken-
      haus.
g) ○ Wie war Ihre Reise? _____ Sie keine Probleme?
   □ Nein, alles _____ in Ordnung.

Lektion 7

Nach Übung

5

im Kursbuch

7. Ihre Grammatik. Ergänzen Sie.

	ich	du	er, sie, es, man	wir	ihr	sie, Sie
sein	war					
haben	hatte					

Nach Übung

6

im Kursbuch

8. Welches Wort paßt nicht?

a) ausziehen – Wohnung – wegfahren – mieten – umziehen – kündigen
b) Pech – Krankenhaus – Ärztin – operieren – Medikament – Apotheke
c) Polizist – Chef – Arzt – Bäcker – Kellner – Friseurin
d) wissen – kennen – kennenlernen – lernen – mitnehmen
e) Tür – Fenster – Treppe – Sache – Wand
f) ein paar – wenige – viele – alle – auch
g) überlegen – gewinnen – meinen – glauben
h) grüßen – malen – zeichnen – schreiben
i) Unfall – Fahrrad – Polizist – hinfallen – verabredet sein
j) holen – bringen – fallen – mitnehmen

Nach Übung

6

im Kursbuch

9. Ergänzen Sie.

fotografieren   verstehen   operieren   bezahlen   erzählen   sagen

bekommen   bestellen   verkaufen   besuchen   vergessen

a) ○ Hast du selbst _____?
   □ Nein, Ludwig hat die Fotos gemacht.
b) ○ Haben Sie schon _____?
   □ Nein! Ich möchte bitte ein Hähnchen mit Salat.
c) ○ Warum gehst du zu Fuß? Hast Du dein Auto _____?
   □ Nein, es ist kaputt.
d) ○ Haben Sie meinen Brief schon _____?
   □ Nein, noch nicht.
e) ○ Wo wart ihr?
   □ Im Krankenhaus. Wir haben Thomas _____. Man hat ihn
   _____.
f) Was haben Sie _____? Ich habe Sie nicht _____. Es ist
   so laut hier.
g) ○ Hast du die Rechnung schon _____?
   □ Nein, das habe ich _____. Entschuldigung!
h) ○ Woher weißt du das?
   □ Regina hat das _____.

10. Bilden Sie Sätze.

Nach Übung

9

im Kursbuch

a) Pullover   → Kommode
b) Bücher   → Regal
c) Geschirr   → Küche
d) Fußball   → Kinderzimmer
e) Geschirr   → Spülmaschine
f) Flaschen   → Keller
g) Film   → Kamera
h) Papier   → Schreibtisch
i) Butter   → Kühlschrank
j) Wäsche   → Waschmaschine
k) Kissen   → Wohnzimmer

11. Wo ist...? Schreiben Sie.

Nach Übung

9

im Kursbuch

a) ○ Wo ist mein Mantel?   (Schrank)   ○ *Im Schrank*
b) ○ Wo ist mein Fußball?   (Garten)   ○ _____
c) ○ Wo ist mein Pullover?   (Kommode)   ○ _____
d) ○ Wo sind meine Bücher?   (Regal)   ○ _____
e) ○ Wo ist mein Briefpapier?   (Schreibtisch)   ○ _____
f) ○ Wo sind meine Schuhe?   (Flur)   ○ _____
g) ○ Wo ist mein Koffer?   (Keller)   ○ _____

12. „In"+Akkusativ oder „in"+Dativ? Ergänzen Sie.

Nach Übung

9

im Kursbuch

„in dem" = „im", „in das" = „ins"

a) *in der* Bibliothek | arbeiten
   _____ Krankenhaus |
   _____ Kindergarten |

b) _____ Wohnung | bleiben
   _____ Garten |
   _____ Zimmer |

c) _____ Garage | fahren
   _____ Parkhaus |
   _____ Stadt |

d) _____ Kinderzimmer | spielen
   _____ Garten |
   _____ Wohnung |

e) _____ Stadt | spielen
   _____ Park |
   _____ Wald |

f) _____ Diskothek | tanzen
   _____ Wohnzimmer |
   _____ Garten |

g) _____ Tasse | gießen
   _____ Flasche |
   _____ Glas |

h) _____ Telefonzelle | tele-
   _____ Hotel | fonieren
   _____ Auto |

i) _____ Schlafzimmer | bringen
   _____ Keller |
   _____ Küche |

j) _____ Koffer | tun
   _____ Tasche |
   _____ Regal |

Lektion 7

Nach Übung

10

im Kursbuch

13. Ergänzen Sie.

a) Pullover: waschen / Schuhe: *putzen*
b) Spümaschine: abstellen / Licht: _____
c) Kopf: Mütze / Füße: _____
d) Spielen: Kindergarten / lernen: _____
e) Katze: füttern / Blume: _____
f) Geld: leihen / Wohnung: _____
g) abends: ins Bett bringen / morgens: _____
h) aus: abstellen / an: _____
i) schreiben: Brief / anrufen: _____
j) phantastisch: gut / schrecklich: _____

Nach Übung

10

im Kursbuch

14. „Ihn", „sie" oder „es"? Was paßt?

a) ○ Ist Herr Stoffers wieder zu Hause?
   □ Ja, ich habe _____ gestern gesehen.
b) ○ Ist der Hund von Frau Wolters wieder gesund?
   □ Nein, sie bringt _____ morgen zum Tierarzt.
c) ○ Ist Frau Zenz immer noch im Krankenhaus?
   □ Nein, ihre Schwester hat _____ gestern nach Hause gebracht.
d) ○ Ist die Katze von Herrn Wilkens wieder da?
   □ Ich glaube nein. Ich habe _____ lange nicht gesehen.

e) ○ Hat Frau Wolf ihr Baby schon bekommen?
   □ Ja, ich habe _____ schon gesehen.
f) ○ Wie geht es Dieter und Susanne?
   □ Gut. Ich habe _____ Freitag angerufen.
g) ○ Kann Frau Engel morgen wieder arbeiten?
   □ Ich weiß es nicht.
   ○ Gut, dann rufe ich _____ heute mal an und frage _____.

Nach Übung

10

im Kursbuch

15. Was soll Herr Winter machen? Was sagt seine Frau? Schreiben Sie.

a) jede Woche das Bad putzen

Vergiß bitte das Bad nicht.
Du mußt es jede Woche putzen.

b) jeden Abend die Küche aufräumen
c) jeden Morgen den Hund füttern
d) jede Woche die Blumen gießen
e) unbedingt den Brief von Frau Berger beantworten
f) jeden Abend das Geschirr spülen
g) unbedingt die Hausaufgaben kontrollieren
h) meinen Pullover heute noch waschen
i) meinen Krankenschein zu Dr. Simon bringen
j) abends den Fernsehapparat abstellen

16. Hast du das schon gemacht? Ergänzen Sie die Verben.

Nach Übung

10

im Kursbuch

- Wäsche waschen
- Koffer packen
- Geld holen
- Filme kaufen
- Wohnung aufräumen
- machen
- Hund zu Frau Bloch bringen
- zur Apotheke fahren, Reisetabletten kaufen
- mit Tante Ute sprechen, Katze hinbringen
- Auto aus der Werkstatt holen – nicht vergessen!

○ _____ du die Wäsche _____?

□ Ja. Ich _____ auch schon den Koffer _____. Und du? _____ du Geld
_____?

○ Natürlich, und ich _____ Filme _____ und die Wohnung
_____. Und was _____ du noch _____?

□ Ich _____ den Hund zu Frau Bloch _____. Und ich _____ zur
Apotheke _____ und _____ Reisetabletten _____.
– _____ du schon mit Tante Ute _____?

○ Ja, sie nimmt die Katze. Ich _____ sie schon _____. – _____ du das
Auto aus der Werkstatt _____?

□ Entschuldige, aber das _____ ich ganz _____.

○ Na gut, dann fahren wir eben morgen.

17. Was paßt zusammen?

Nach Übung

13

im Kursbuch

sitzen   aufwachen   weggehen   parken   anstellen   weiterfahren

rufen   zurückkommen   aussteigen   weg sein   abholen

aufhören   suchen

a) einschlafen – _____
b) da sein – _____
c) stehen – _____
d) weggehen – _____
e) hören – _____
f) fahren – _____
g) abstellen – _____

h) bringen – _____
i) wiederkommen – _____
j) anfangen – _____
k) halten – _____
l) finden – _____
m) einsteigen – _____

Lektion 7

Nach Übung

15

im Kursbuch

18. Ordnen Sie die Wörter.

a) ☒3☒ gleich ☒2☒ sofort ☒1☒ jetzt ☐ später ☐ bald

b) ☐ um 11.00 Uhr ☐ gegen 11.00 Uhr ☐ nach 11.00 Uhr

c) ☐ gestern früh ☐ heute mittag ☐ gestern abend ☐ heute morgen
☐ morgen nachmittag ☐ morgen abend ☐ morgen früh

d) ☐ später ☐ dann ☐ zuerst ☐ danach

e) ☐ immer ☐ nie ☐ oft ☐ manchmal

f) ☐ viel ☐ alles ☐ etwas ☐ ein bißchen

Nach Übung

15

im Kursbuch

19. „Schon", „noch", „noch nicht", „nicht mehr", „erst"? Was paßt?

a) Telefon habe ich _____. Das bekomme ich _____ in vier Wochen.

b) Sie wohnt _____ in der Mozartstraße, sie ist schon umgezogen. Sie wohnt jetzt in der Eifelstraße.

c) Ich war sehr müde, aber ich bin _____ um ein Uhr nachts eingeschlafen.

d) ○ Es ist schon spät, wir müssen gehen.   ☐ Ja, ich weiß. Ich muß _____ die Waschmaschine abstellen, dann komme ich.

e) Ich habe _____ fünfmal angerufen, aber es war niemand zu Hause.

f) Sie ist 82 Jahre alt, aber sie fährt _____ Auto.

g) Mathias ist _____ drei Jahre alt, aber er kann _____ schwimmen.

h) ○ Möchtest du eine Zigarette?   ☐ Nein, danke! Seit vier Wochen rauche ich _____.

i) Die Spülmaschine funktioniert _____, sie ist kaputt.

Nach Übung

15

im Kursbuch

20. Was paßt wo?

Herzliche Grüße   Auf Wiedersehen   Liebe Grüße   Guten Morgen

Lieber Herr Heick   Guten Abend   Guten Tag   Tschüß

Hallo Bernd   Lieber Christian   Sehr geehrte Frau Wenzel

a) Was schreibt man?

_____

b) Was sagt man?

_____

Wortschatz

Verben

besorgen 96
einzahlen 95
erledigen 96
existieren 102
fehlen 103

fliegen 100
kaufen 15, 96
legen 100
reinigen 95
reparieren 95

schicken 96
stehen 99
stellen 100
übernachten 95
verwenden 96

wechseln 95
ziehen 103
zurückgeben 96

Nomen

e Abfahrt 98
e Auskunft, ⸚e 101
e Bäckerei, -en 93
e Bahn, -en 96, 101
e Briefmarke, -n 95
e Buchhandlung, -en 93, 94
r Bürger, - 103
r Bus, -se 101
e DDR = Deutsche Demokratische Republik 101
s Denkmal, ⸚er 98
s Ding, -e 96
e Ecke, -n 97
e / r Erwachsene, -n (ein Erwachsener) 98
(s) Europa 101

e Fahrkarte, -n 95, 96, 101
r Fahrplan, ⸚e 101
e Fahrt, -en 99
r Flughafen, ⸚ 101
s Flugzeug, -e 101
e Freiheit, -en 103
s Gebäude, - 102
e Grenze, -n 101
s Interesse, -n 103
r Journalist, -en 102
e / r Jugendliche, -n (ein Jugendlicher) 103
e Kirche, -n 94
e Kleidung 95
r Krieg, -e 102
r Künstler, - 103
r Mantel, ⸚ 96, 100

e Mauer, -n 98, 102
e Metzgerei, -en 93
e Mitte 101
s Museum, Museen 94, 102
r Norden 101
e Oper, -n 102
r Osten 101
s Paket, -e 96
r Park, -s 94
r Paß, Pässe 95
e Phantasie 103
r Platz, ⸚e 94, 98
e Post 93, 94
r Punk, -s 103
s Rathaus, ⸚er 94
e Reinigung, -en 93, 94
r Rest, -e 98

r Schalter, - 101
r See, -n 103
r Sohn, ⸚e 99
r Soldat, -en 102
r Stadtplan, ⸚e 97
r Süden 101
e Tasche, -n 100
r Teil, -e 98, 102
s Tor, -e 102
r Turm, ⸚e 98
e Universität, -en 98
e Wahl, -en 101
r Weg, -e 97, 101
r Westen 101
e Zeichnung, -en 99
s Zentrum, Zentren 101, 102

Adjektive

arbeitslos 103
berühmt 102

bunt 103
deutsch 102

früher 102
grau 103

sozial 103
voll 103

Adverbien

anders 103
geradeaus 97

links 97
rechts 97

völlig 102
weiter 97

Funktionswörter

bis zu 97
so ... wie ... 103

über ... nach ... 101
von ... nach ... 101

Ausdruck

zum Schluß 99

Lektion 8

Grammatik

Präpositionen (§ 15 bis 18)

		Maskulinum	*Femininum*	*Neutrum*
an	Wo?	am Turm	an der Tür	am Fenster
	Wohin?	an den Turm	an die Tür	ans Fenster
auf	Wo?	auf dem Bahnhof	auf der Straße	auf dem Rathaus
	Wohin?	auf den Bahnhof	auf die Straße	auf das Rathaus
aus	Woher?	aus dem Garten	aus der Schweiz	aus dem Haus
bei	Wo?	beim Arzt	bei der Arbeit	beim Essen
für	Wofür?	für den Flur	für die Küche	für das Zimmer
gegen	Wogegen?	gegen den Durchfall	gegen die Erkältung	gegen das Fieber
hinter	Wo?	hinter dem Park	hinter der Kirche	hinter dem Denkmal
	Wohin?	hinter den Park	hinter die Kirche	hinter das Denkmal
in	Wo?	im Stadtpark	in der Apotheke	im Kino
	Wohin?	in den Stadtpark	in die Apotheke	ins Kino
mit	Mit wem?	mit dem Freund	mit der Freundin	mit dem Kind
nach	Wann?	nach dem Krieg	nach der Arbeit	nach dem Essen
neben	Wo?	neben dem Supermarkt	neben der Post	neben dem Kino
	Wohin?	neben den Supermarkt	neben die Post	neben das Kino
ohne	Ohne wen?	ohne den Freund	ohne die Freundin	ohne das Kind
seit	Seit wann?	seit dem Besuch	seit der Reise	seit dem Gespräch
über	Wo?	über dem Platz	über der Stadt	über dem Haus
	Wohin?	über den Platz	über die Stadt	über das Haus
unter	Wo?	unter dem Turm	unter der Bank	unter dem Dach
	Wohin?	unter den Turm	unter die Bank	unter das Dach
von	Von wem?	vom Arzt	von der Ärztin	vom Kind
vor	Wo?	vor dem Tisch	vor der Kirche	vor dem Denkmal
	Wohin?	vor den Tisch	vor die Kirche	vor das Denkmal
zu	Wohin?	zum Arzt	zur Schule	zum Fenster
zwischen	Wohin?	zwischen den Schrank und die Kommode zwischen die Lampe und das Regal		
	Wo?	zwischen dem Schrank und der Kommode zwischen der Kommode und dem Regal		

Lektion 8

Nach Übung

2

im Kursbuch

1. Lesen Sie und ergänzen Sie.

a) *Paul trägt die Koffer nicht selbst.*

Er läßt die Koffer tragen.

b) Paul: die Dusche reparieren

Paul repariert die . . .
Er läßt . . .

c) Paul: das Auto in die Garage fahren
d) ich: den Kaffee machen
e) er: den Brief beantworten
f) ihr: den Koffer am Bahnhof abholen
g) Sie: die Wäsche waschen

h) ich: die Hausarbeiten machen
i) Paula: die Wohnung putzen
j) du: den Schreibtisch aufräumen
k) ich: das Essen und die Getränke bestellen
l) Paul und Paula: das Frühstück machen

2. Was paßt zusammen?

Nach Übung

3

im Kursbuch

Sie möchten . . .   Wohin gehen Sie dann?

a)	Geld wechseln	*Auf die Commerz-Bank*
b)	das Auto reparieren lassen	
c)	Deutsch lernen	
d)	Briefmarken kaufen	
e)	eine Fahrkarte kaufen	
f)	einen Film sehen	
g)	Informationen bekommen	
h)	einen Tee trinken	
i)	schwimmen	
j)	Fleisch kaufen	
k)	Salat und Gemüse kaufen	
l)	Bücher leihen	

Ufa-Kino   Post
            Metzgerei Koch
Parkcafé
            Schwimmbad
VW-Werkstatt
            Commerz-Bank
Bibliothek   Bahnhof

        Supermarkt König

    Tourist-Information
Sprachschule Berger

Lektion 8

Nach Übung

5

im Kursbuch

3. Schreiben Sie.

In der Stadt hin und her. Heute hat Paul viel erledigt.

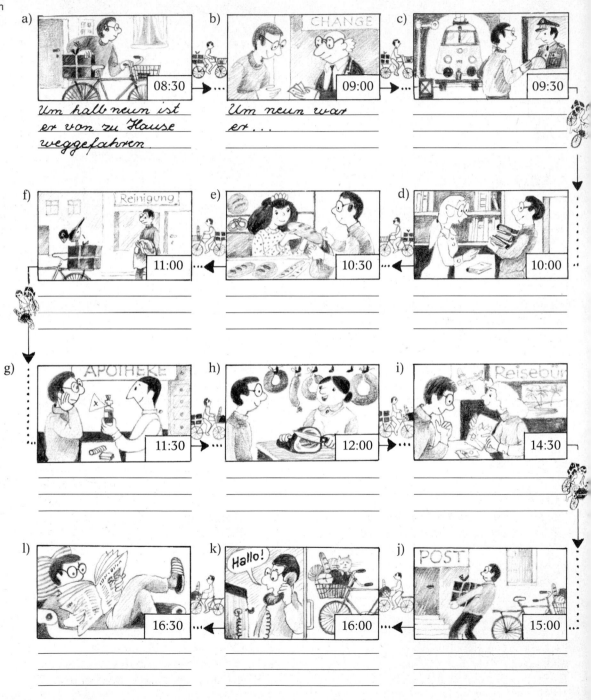

a) 08:30

Um halb neun ist er von zu Hause weggefahren

b) 09:00

Um neun war er . . .

c) 09:30

f) 11:00

e) 10:30

d) 10:00

g) 11:30

h) 12:00

i) 14:30

l) 16:30

k) 16:00

j) 15:00

4. Was erzählt Paul? Schreiben Sie.

a) *Um halb neun bin ich von zu Hause weggefahren.*

b) *Um neun war ich . . .*

c) *Um halb zehn . . .*

d) *Um . . .*

e) . . .

18:30

Nach Übung

6

im Kursbuch

5. Schreiben Sie.

a) ○ Wo kann man hier gut essen?
   □ Im Restaurant Adler, das ist am Marktplatz.
b) ○ Wo kann man hier Deutsch lernen?
   □ In der Sprachschule Berger, die ist in der Schloßstraße.

Nach Übung

6

im Kursbuch

c) Kuchen – Markt-Café – Marktplatz
d) Gemüse – Supermarkt König – Obernstraße
e) parken – City-Parkplatz – Schloßstraße
f) übernachten – Bahnhofshotel – Bahnhof-straße

g) essen – Schloß-Restaurant – Wapel
h) Tee – Parkcafé – Parksee
i) schwimmen – Schwimmbad – Bahnhof-straße
j) Bücher – Bücherei – Kantstraße

6. Schreiben Sie.

a) Bahnhof / ← / Schillerstraße
   Am Bahnhof links in die Schillerstraße.

b) Marktplatz / → / Stadtmuseum
   Am Marktplatz rechts bis zum Stadtmuseum.

c) Volksbank / → / Telefonzelle
d) Restaurant / ← / Maxplatz
e) Diskothek / ← / Parkplätze
f) Stadtcafé / → / Haltestelle

Nach Übung

9

im Kursbuch

g) Buchhandlung / ← / Rathaus
h) Telefonzelle / → / Berner Straße
i) Fotostudio / → / Lindenweg
j) Stadtpark / geradeaus / Spielwiesen

Lektion 8

Nach Übung

9

im Kursbuch

7. Ergänzen Sie „in", „an", „neben" oder „zwischen"; „der", „das", „die"; „ein" oder „eine".

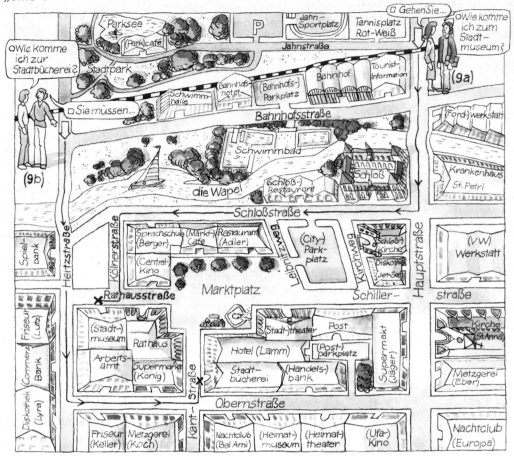

Wo liegt was? Beschreiben Sie den Stadtplan.

a) *Der* _____ Postparkplatz liegt *neben* _____ *einem* _____ Supermarkt.

b) *Neben* _____ *dem* _____ Supermarkt Jäger liegt *ein* _____ Parkplatz.

c) _____ Schloß ist _____ Restaurant.

d) _____ Markt-Café liegt _____ _____ Restaurant.

e) _____ Schwimmbad liegt _____ _____ Wapel.

f) _____ _____ Sprachschule Berger und _____ Restaurant Adler ist _____ Café, _____ Markt-Café.

g) _____ _____ Schloß ist _____ Schloßrestaurant.

h) _____ Tourist-Information ist _____ _____ Bahnhofstraße, _____ Bahnhof.

i) _____ Parkcafé liegt _____ Parksee.

j) _____ Jahn-Sportplatz liegt _____ _____ Tennisplatz Rot-Weiß und _____ Parkplatz.

8. Lesen Sie und ergänzen Sie.

Nach Übung

9

im Kursbuch

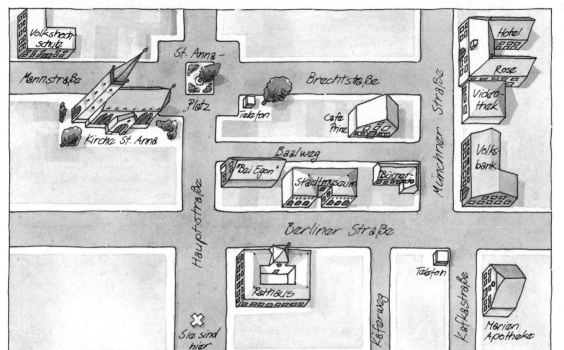

a) ○ Wie komme ich zur Volkshochschule?
   □ Zuerst hier geradeaus bis zum *St.-Anna-Platz*. Dort
   an der _____ vorbei in die _____.
   Dort ist dann rechts die _____.

> St.-Anna-Kirche
> Volkshochschule
> Mannstraße
> St.-Anna-Platz

b) ○ Wie komme ich zur „Bücherecke"?
   □ Zuerst hier geradeaus bis zur _____, dort
   rechts. Am _____ vorbei und dann links in
   die _____. Da sehen Sie dann links den
   _____, und da an der Ecke liegt auch die
   _____.

> Baalweg
> „Bücherecke"
> Berliner Straße
> Stadtmuseum
> Münchner Straße

c) ○ Wie komme ich zur Videothek?
   □ Hier die _____ entlang bis zum
   _____. Dort bei der _____
   rechts in die _____. Gehen Sie die
   _____ entlang bis zur _____.
   Dort sehen Sie dann die _____. Sie liegt
   direkt neben dem _____.

> Brechtstraße
> Münchner Straße
> Videothek
> Telefonzelle
> St.-Anna-Platz
> Brechtstraße
> Hotel Rose
> Hauptstraße

d) zur Marienapotheke?   f) zum Café Prinz?
e) zum Stadtmuseum?   g) zur nächsten Telefonzelle?

Lektion 8

Nach Übung

9

im Kursbuch

9. Lesen Sie den Stadtplan auf S. 92 und ergänzen Sie.

a) ○ Wie komme ich _zum_ Stadtmuseum?
   □ Gehen Sie hier die Hauptstraße geradeaus bis _____ Schloß. Dort _____ Schloß rechts, dann immer geradeaus, _____ Parkplatz vorbei bis _____ Kölner Straße. Dort _____ _____ Sprachschule links. Dann die Kölner Straße geradeaus bis _____ Rathausstraße. Dort rechts. Das Stadtmuseum ist _____ _____ Rathaus.

b) ○ Wie komme ich _____ Stadtbücherei?
   □ Sie müssen hier die Hertzstraße geradeaus gehen, _____ _____ Wapel, _____ _____ Spielbank und _____ _____ Commerzbank vorbei, bis _____ Diskothek...

c) ○ Wie komme ich vom Bahnhof zum Hotel Lamm?

Nach Übung

10

im Kursbuch

10. Schreiben Sie einen Text. Benutzen Sie die Wörter rechts.

Eine Stadtrundfahrt in Berlin

Sätze	
– Pünktlich um 14 Uhr hat Herr Leutze uns begrüßt.	–
– Herr Leutze hat uns etwas über das alte Berlin erzählt.	Zuerst
– Wir sind zum Kurfürstendamm gefahren.	Danach
– Am Ku'damm kann man die Gedächtniskirche sehen	Da
– Die Gedächtniskirche ist eine Ruine.	Sie
Die Gedächtniskirche soll an den Krieg erinnern.	und
– Wir sind zum ICC gefahren.	Dann
– Am ICC haben wir Pause gemacht.	Dort
– Wir sind weitergefahren.	Nach einer Stunde
– Wir haben die Berliner Mauer gesehen.	Dann... endlich
– Die Mauer hat Berlin und Deutschland in zwei Teile geteilt.	Bis 1989
– Die Berliner Mauer war 46 km lang.	Sie
– Wir sind nach Ostberlin gefahren.	Dann
– Wir haben die Staatsbibliothek, den Dom und die Humboldt-Universität gesehen.	–
– Leider war die Stadtrundfahrt schon zu Ende.	Dann

Pünktlich um 14 Uhr hat uns Herr Leutze begrüßt.
Zuerst hat er uns etwas...

94   vierundneunzig

Lektion 8

11. Schreiben Sie.

Bernd sucht seine Brille. Wo ist sie?

a) _____

b) _____

c) _____

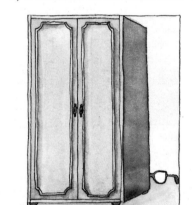

d) _____

e) _____

f) _____

g) _____

h) _____

i) _____

Lektion 8

Nach Übung

11

im Kursbuch

12. Wer wohnt wo? Schreiben Sie.

a) Wer wohnt neben Familie Reiter, aber nicht unter Familie Huber? *Familie Meier.*

b) Wer wohnt hinter dem Haus? _____

c) Wer wohnt neben Familie Meier, aber nicht über Familie Becker? _____

d) Wer wohnt neben Familie Reiter, aber nicht über Familie Schulz? _____

e) Wer wohnt vor dem Haus? _____

f) Wer wohnt neben Familie Schulz, aber nicht unter Familie Korte? _____

g) Wer wohnt zwischen Familie Holzmann und Familie Huber, aber nicht über Familie Meier?

_____

h) Wer wohnt neben Familie Berger, aber nicht über Familie Walter? _____

i) Wer wohnt zwischen Familie Becker und Familie Berger? _____

Nach Übung

11

im Kursbuch

13. Was stimmt hier nicht? Schreiben Sie.

Auf der Couch liegt ein Teller.
Vor der Tür ...

14. Schreiben Sie.

Nach Übung

11

im Kursbuch

a) ○ Wohin stellen wir	den Fernseher?	□ Am besten	*auf den Tisch.*
b)	_____ Sessel?		_____
c)	_____ Tisch?		_____
d)	_____ Lampe?		_____
e)	_____ Bett?		_____
f)	_____ Blume?		_____
g)	_____ Kühlschrank?		_____

Lektion 8

Nach Übung

11

im Kursbuch

15. Ihre Grammatik: Ergänzen Sie.

	wo (sein)? *Dativ*			wohin (tun)? *Akkusativ*		
der	unter	_____ Tisch		unter	_____ Tisch	
das	(in _____)	_____ Waschbecken		(in _____)	_____ Waschbecken	
die	vor	_____ Tür		vor	_____ Tür	
die	zwischen	_____ Zeitungen		zwischen	_____ Zeitungen	

Nach Übung

12

im Kursbuch

16. Ergänzen Sie die Präpositionen.

Wann kommen Sie nach Berlin?

Seit 1990 gibt es keine Grenze mehr (a) _____ der Bundesrepublik Deutschland und der ehemaligen DDR. Berlin ist wieder ein Zentrum (b) _____ der Mitte Europas. Man kann wieder (c) _____ vielen Wegen (d) _____ Berlin kommen.

(e) _____ dem Flugzeug: Es gibt Flugverbindungen (f) _____ fast alle europäischen Großstädte und (g) _____ viele andere Länder. Täglich landen Flugzeuge (h) _____ aller Welt (i) _____ den Berliner Flughäfen.

(j) _____ vielen Städten in Deutschland fahren täglich Busse (k) _____ Funkturm und (l) _____ anderen Plätzen Berlins. Informationen bekommen Sie (m) _____ Reisebüros.

Bequem ist es (n) _____ der Bahn: Die Züge fahren direkt (o) _____ die Innenstadt.

Autofahrer kommen (p) _____ den Autobahnen schnell (q) _____ Berlin.

Wann fahren Sie mal (r) _____ Berlin, (s) _____ Brandenburger Tor, (t) _____ Gedächtniskirche oder raus (u) _____ den Wannsee? Seien Sie unser Gast in Berlin!

Nach Übung

13

im Kursbuch

17. Was paßt nicht?

a) Erwachsene – Jugendliche – Menschen – Kinder
b) Buslinie – Zugverbindung – Autobahn – Flugverbindung
c) Gebäude – Immobilien – Haushalt – Häuser
d) Flughafen – Bahn – Bahnhof – Haltestelle
e) Gedächtniskirche – Alexanderplatz – Humboldt-Denkmal – Museen
f) Buchhandlung – Bibliothek – Bücherei – Verbindung
g) Park – Straße – Nummer – Platz – Weg
h) Aufzug – Ausflug – Reisegruppe – Urlaub
i) Norden – Süden – Osten – Wiesen

18. Ergänzen Sie Präpositionen und Artikel.

Nach Übung
13
im Kursbuch

a) (von) _vom_ Bahnhof abholen
b) (an) _____ St.-Anna-Platz aussteigen
c) (in) _im_ See baden
d) (in) _____ Bäckerei Brot kaufen
e) (an) _____ Marienplatz einsteigen
f) (auf) _____ Bank Geld einzahlen
g) (nach) _____ Paris fliegen
h) (auf) _____ Straße hinfallen
i) (in) _____ Regal legen
j) (neben) _____ Kirche parken
k) (nach) _____ Hause schicken

l) (vor) _____ Haus sitzen
m) (auf) _____ Sportplatz spielen
n) (hinter) _____ Denkmal stehen
o) (in) _____ Pension Mai übernachten
p) (in) _____ Schrank stellen
q) (unter) _____ Brandenburger Tor verabredet sein
r) (in) _____ Stadt wohnen
s) (von) _____ Hause wegfahren
t) (zwischen) _____ Post und _____ Parkplatz liegen

19. Ihre Grammatik: Ergänzen Sie.

Nach Übung
13
im Kursbuch

a) Berlin liegt an der Spree.
b) Wie kommt man schnell nach Berlin?
c) Nach Berlin kann man auch mit dem Zug fahren.
d) Wir treffen uns um zehn an der Gedächtniskirche.
e) Der Fernsehturm steht am Alexanderplatz.
f) Er hat das Bett wirklich in den Flur gestellt.
g) Du kannst den Mantel ruhig auf den Stuhl legen.
h) Zum Schluß hat er die Sätze an die Wand geschrieben.
i) Der Bär sitzt unter dem Funkturm.

	Vorfeld	Verb₁	Subj.	Ergänzung	Angabe	Ergänzung	Verb₂
a)	Berlin	liegt				an der Spree.	
b)							
c)							
d)							
e)							
f)							
g)							
h)							
i)							

Lektion 8

Nach Übung

13

im Kursbuch

20. Silbenrätsel. Bilden Sie Wörter.

fahrt   Auto   Bahn   fahrt   Park   stätte   Rast

Bahn   Zug   hof   platz   Auto   um

city   Flug   hafen   steigen

Inter   bahn   fahrt   Eisen   bahn   verbindungen

a) Bahn   b) Auto   c) Flugzeug

   ...   .

Nach Übung

14

im Kursbuch

21. Schreiben Sie einen Brief.

A. Ergänzen Sie.

Berlin, den 9. November

Liebe Stefanie,

wir wohnen jetzt schon ein Jahr (a) _____ Berlin. Man lebt hier wirklich viel besser als (b) _____ Köln. Komm doch mal (c) _____ Berlin. Hier kann man viel machen. (d) _____ Restaurant „Mutter Hoppe" gehen und echt berlinerisch essen, (e) _____ Diskothek „Metropol" bis zum frühen Morgen tanzen, (f) _____ _____ vielen Parks und (g) _____ Zoologischen Garten spazierengehen, (h) _____ Müggelsee baden und (i) _____ _____ Havel segeln. Abends geht's natürlich (j) _____ Kino, (k) _____ Theater oder (l) _____ einen Jazzclub. (m) _____ den Geschäften (n) _____ dem Ku'damm und (o) _____ KaDeWe (Kaufhaus des Westens) kann man gut einkaufen und natürlich auch Leute anschauen. Am Wochenende fahren wir oft mit der S–Bahn (p) _____ Zehlendorf (q) _____ _____ Wannsee. Dort kann man (r) _____ See schwimmen oder faul (s) _____ _____ Sonne liegen. Manchmal machen wir (t) _____ Grunewald auch einen Spaziergang oder eine Radtour.

Vielleicht können wir das einmal zusammen machen. Komm also bald mal (u) _____ Berlin!

Herzliche Grüße

Sandra und Holger

B. Schreiben Sie jetzt selbst einen Brief.

Ort und Datum:
München, ...

Anrede:
Lieber/Liebe ...

Informationen:
– 2 Jahre München – das Restaurant „Weißblaue Rose", echt bayrisch – das „Rationaltheater", Kabarettprogramme – im Englischen Garten, spazierengehen, radfahren – die Kaufinger Straße, einkaufen – Olympiazentrum, selbst Sport treiben oder ein Fußballspiel anschauen – Starnberger See, segeln, schwimmen, surfen, baden

Schlußsatz:
...

Gruß:
Bis bald, und liebe Grüße
Dein/Deine ...

Wortschatz

Verben

behalten 114
beraten 108
einschalten 112
erklären 107
freuen 105
gebrauchen 113

gefallen 114
lachen 114
laufen 110
lieben 107, 114
nennen 114
passen 107, 113

reichen 114
schenken 105, 107,
108
sterben 114
tragen 106
verkaufen 15, 110

verlassen 114, 116
zeigen 68, 107, 111
zusammengehören
113

Nomen

r Abschnitt, -e 113
e / r Bekannte, -n (ein
Bekannter) 109
e Beschäftigung, -en
114
s Camping 106, 108
e Chance, -n 114
e Erinnerung, -en 112
e Feier, -n 109
r Fernseher, - 112
s Feuerzeug, -e 106
r Führerschein, -e 109
r Geburtstag, -e 18,
107
r Gegenstand, ¨e 115
s Gerät, -e 112

e Großstadt, ¨e 114
e Handtasche, -n 113
e Hilfe 110
s Holz 110
s Huhn, ¨er 114
r Hund, -e 106, 114
e Information, -en 67,
112
e Ingenieurin, -nen /
r Ingenieur, -e 14,
108
e Kette, -n 105, 106,
107
s Klima 114
r König, -e 110
e Kuh, ¨e 114

r Kunde, -n 112, 114
Möbel *(Plural)* 110
s Motorrad, ¨er 115
e Party, -s 105, 108
e Pfeife, -n 105, 106,
115
s Pferd, -e 114
e Platte, -n 110
r Plattenspieler, - 106
s Rad, ¨er 107
r Reiseführer, - 106,
111
r Ring, -e 105, 106
e Schallplatte, -n 106
r Schlafsack, ¨e 106
r Schluß 114

r Schmuck 106
e Schreibmaschine, -n
106, 111, 115
e Schwester, -n 114
r Strom 113
e Tante, -n 114
s Tier, -e 114
e Verkäuferin, -nen /
r Verkäufer, - 107
(s) Weihnachten 105
s Werkzeug, -e 106
s Wörterbuch, ¨er 106
r Wunsch, ¨e 110
s Zelt, -e 106

Adjektive

breit 110
dünn 110
kurz 110

lang 110
langsam 110
lebendig 112

niedrig 110
richtig 113
schmal 110

schnell 110
wunderbar 110

Adverb

irgendwann 114

Funktionswörter

deshalb 107, 114
selber 106, 116

Ausdruck

zu Ende 108

Lektion 9

Grammatik

Definiter Artikel und Nomen im Dativ (§ 3)

Maskulinum	*Singular:*	dem Stuhl	*Plural:*	den Stühlen
Femininum		der Lampe		Lampen
Neutrum		dem Klavier		Klavieren

Indefiniter Artikel, Possessivartikel, Negation im Dativ (§ 3 und 6)

	Indefiniter Artikel	*Possessivartikel*		*Negation*	
Singular:	einem Stuhl einer Lampe einem Regal	meinem / seinem deinem / Ihrem meiner / seiner deiner / Ihrer meinem / seinem deinem / Ihrem	Stuhl Lampe Regal	keinem Stuhl keiner Lampe keinem Regal	
Plural:	Stühlen Lampen Regalen	meinen / seinen deinen / Ihren	Stühlen Lampen Regalen	keinen	Stühlen Lampen Regalen

Personalpronomen im Dativ (§ 11)

ich	Bitte helfen Sie mir.	wir	Herr Abt, Sie müssen uns helfen.
du	Ich kann dir das erklären.	ihr	Gehört der Hund euch?
Sie	Ich kann Ihnen das erklären.	Sie	Gehört der Hund Ihnen?
er / es	Das Essen schmeckt ihm nicht.	sie	Zeigst du ihnen ihre Zimmer?
sie	Hast du ihr schon geantwortet?		

Verben mit Dativergänzung (§ 3, 11, 38 und 42)

Nur Dativergänzung:	antworten fehlen gehören helfen schmecken	Was soll ich dem Kunden antworten? Was fehlt dir denn? Gehört dieser Walkman einem Schüler? Kannst du der Frau dort helfen? Hoffentlich schmeckt der Kuchen den Kindern.
Dativergänzung und Akkusativergänzung	geben schenken zeigen erklären	Komm, ich gebe dir ein Buch. Was kann man einem Mädchen schenken? Zeigen Sie dem Herrn da die Firma, bitte. Können Sie mir diesen Ausdruck erklären?

1. Was paßt nicht? Ergänzen Sie die Wörter.

Nach Übung

1

im Kursbuch

Tiere	Bücher	Schmuck	Sport/Freizeit		Gesundheit	Haushaltsgeräte
Haushalt	Musik	Reise		Sprachen	Möbel	

a) Plattenspieler – Radiorekorder – Mikrowelle – CD-Player: ___*Musik*___

b) Elektroherd – Mikrowelle – Waschmaschine – Waschbecken: _____

c) Schlafsack – Halskette – Reiseführer – Hotel – Zelt: _____

d) Geschirr spülen – radfahren – Tennis – Fußball: _____

e) Sprechstunde – Pause – Medikament – Arzt: _____

f) Ring – Halskette – Messer – Ohrring: _____

g) Bücherregal – Elektroherd – Sessel – Schrank: _____

h) Typisch – Türkisch – Spanisch – Deutsch: _____

i) Kochbuch – Reiseführer – Reiseleiter – Wörterbuch: _____

j) Hund – Schwein – Pferd – Rind – Katze – Hähnchen: _____

k) aufräumen – Wäsche waschen – Betten machen – aufpassen: _____

2. Was ist das? Ergänzen Sie.

Nach Übung

1

im Kursbuch

a) Es ist kein Mensch und kein Tier, aber es lebt auch. _____

b) Im Zelt schläft man in einem _____

c) Ein Schmuckstück für den Hals ist eine _____

d) Sie verstehen ein Wort nicht, dann brauchen Sie ein _____

e) Zum Feuer machen braucht man ein _____

f) Ein Film extra für das Fernsehen gemacht ist ein _____

g) CD-Platten, Musikkassetten und _____

h) Paul muß nicht spülen, er hat einen _____

i) Es sind Pflanzen. Man schenkt sie gerne Frauen. _____

j) Ein Buch mit Reiseinformationen ist ein _____

3. Alle mögen Opa. Warum? Schreiben Sie.

Nach Übung

2

im Kursbuch

a) (Wolfgang)   einen Videorekorder schenken

Er hat ihm einen Videorekorder geschenkt.

b) (Beate)   das Auto leihen

c) (Beate und Wolfgang)   ein Haus bauen

d) (Kinder)   Geschichten erzählen

e) (ich)   ein Fahrrad kaufen

f) (du)   Briefe schreiben

g) (wir)   Pakete schicken

h) (Sie)   den Weg zeigen

Lektion 9

Nach Übung

2

im Kursbuch

4. Ergänzen Sie die Tabellen. Machen Sie vorher Übung 2 auf Seite 107 im Kursbuch.

Wer?		Wem?	Was?
a) Der Verkäufer Er	zeigt	Carola und Hans den Kindern ihnen	ein Radio.
b) *Der* _____	erklärt	*Y* _____ _____	den Dativ.
c) _____ _____	will	*E* _____ _____	helfen.
d) _____ _____	schenkt	_____ _____	eine Halskette.
e) _____ _____	kauft	_____ _____	ein Fahrrad.

Nach Übung

3

im Kursbuch

5. Bilden Sie Sätze.

a)

Mutter
45 Jahre
hört gern Musik
raucht
reist gern

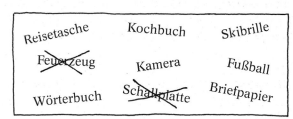

Reisetasche   Kochbuch   Skibrille
~~Feuerzeug~~   Kamera   Fußball
Wörterbuch   ~~Schallplatte~~   Briefpapier

b)

Vater
50 Jahre
spielt Fußball
kocht gern
Hobby-Fotograf

a) Die Mutter:
*Ihr kann man eine Schallplatte
schenken, denn sie hört gern Musik.
Ihr kann man ein Feuerzeug..., denn.
Ihr kann man ...*

c)

Tochter
18 Jahre
schreibt gern Briefe
lernt Spanisch
fährt gern Ski

b) Der Vater:
Ihm kann man ...
...

c) Die Tochter:
Ihr kann man ...
...

6. Hören, verstehen, schreiben.

Nach Übung

4

im Kursbuch

a) Dialog A

Hören Sie den Dialog A aus Übung 4 im Kursbuch auf Seite 108. Lesen Sie dann die Tabelle und den Text.

wann?	was?	bei wem?
morgen	*Feier*	*bei Hilde und Georg*
Geschenkideen		gut (+) / nicht gut (−)
1 *Wörterbuch lernen Französisch*		*haben schon eins*
2 *Flasche Wein*		*trinken keinen Wein*
3 *Musikkassetten hören gern Musik*		*gute Idee*

Morgen ist bei Hilde und Georg eine Feier. Die Gäste möchten ein Geschenk mitbringen. Die Frau will ihnen ein Wörterbuch schenken, denn Hilde und Georg lernen Französisch. Aber sie haben schon eins. Eine Flasche Wein können die Gäste auch nicht mitbringen, denn Hilde und Georg trinken keinen Wein. Aber sie hören gern Jazz. Deshalb schenken die Gäste ihnen eine Musikkassette.

b) Dialog B

Hören Sie den Dialog B aus Übung 4 im Kursbuch auf Seite 108. Notieren Sie dann.

wann?	was?	bei wem?
	Dienstjubiläum	
Geschenkideen		gut (+) / nicht gut (−)
1 *raucht gern*		*das ist*
2 *Kochbuch*		*hat schon*
3 *seine*		*Idee ist*

Schreiben Sie jetzt einen Text.

Morgen feiert Ewald sein Dienstjubiläum. Die Gäste möchten ... Der Mann will ...

Lektion 9

Nach Übung

4

im Kursbuch

7. Annabella hat Geburtstag. Goofy möchte ihr etwas schenken.

a) Lesen Sie den Comic und ergänzen Sie die Pronomen.

8. Hertha hat Geburtstag. Paul möchte ihr etwas schenken. Schreiben Sie einen Comic.

Nach Übung

4

im Kursbuch

Lektion 9

Nach Übung

5

im Kursbuch

9. Schreiben Sie. Machen Sie vorher Übung 5 im Kursbuch auf Seite 109.

Beispiel: *Bernd wird dreißig Jahre alt. Das möchte er am Freitag um 20 Uhr feiern. Er lädt Ulla ein. Sie soll ihm bis Dienstag antworten oder ihn anrufen.*

a) zu Übung 5a
Bettina hat ...

b) zu Übung 5b
Herr und Frau Halster ...

Nach Übung

5

im Kursbuch

10. Ihre Grammatik. Ergänzen Sie.

Nominativ	Dativ	Akkusativ
ich		
du		
Sie		
er		ihn
es		es
sie		sie

Nominativ	Dativ	Akkusativ
wir		
ihr		
Sie		
sie		sie

Nach Übung

8

im Kursbuch

11. Was paßt nicht?

a) Zimmer: hell – zufrieden – sauber – leer
b) Auto: gesund – schnell – laut – lang
c) Pullover: teuer – gut – breit – groß
d) Nachbar: dick – nett – klein – niedrig
e) Stuhl: leicht – niedrig – klein – langsam
f) Schrank: breit – schwer – kalt – schön

12. Was paßt nicht?

a) wohnen: billig – ruhig – groß – schön
b) arbeiten: gern – nett – langsam – immer
c) schmecken: bitter – süß – schnell – gut
d) essen: warm – gesund – schnell – klein
e) feiern: dick – gerne – oft – laut
f) erklären: falsch – genau – hoch – gut

Nach Übung

8

im Kursbuch

13. Ihre Grammatik. Ergänzen Sie.

klein	kleiner	am kleinsten	lang		
		am billigsten		größer	
	schneller				am schmalsten
neu					am besten
	lauter		gern		
		am leichtesten		mehr	

14. Ergänzen Sie.

Nach Übung

8

im Kursbuch

Wir haben ein Schiffauto gebaut.
Aber es hat uns nicht gefallen.

Zuerst war es zu klein,
da haben wir es *größer*
gemacht.

a) Dann war es zu groß, da haben wir es wieder _____ gemacht.
b) Dann war es zu breit, da haben wir es _____ gemacht.
c) Dann war es zu schmal, da haben wir es wieder _____ gemacht.
d) Dann war es zu niedrig, da haben wir es _____ gemacht.
e) Dann war es zu hoch, da haben wir es wieder _____ gemacht.
f) Dann war es zu kurz, da haben wir es _____ gemacht.
g) Dann war es zu lang, da haben wir es wieder _____ gemacht.
h) Dann war es zu schwer, da haben wir es _____ gemacht.
i) Dann war es zu leicht, da haben wir es wieder _____ gemacht.
j) Dann war es zu häßlich, da haben wir es _____ gemacht.
k) Zum Schluß war es uns zu teuer, und es war auch nicht mehr in Ordnung. Wir haben es
   nämlich _____ gemacht.

15. Bilden Sie Sätze.

Nach Übung

8

im Kursbuch

a) teuer sein

Pension Huber	+
Gasthof „Zur Post"	++
Schloßhotel	+++

Der Gasthof „Zur Post" ist teurer als die Pension Huber. Am teuersten ist das Schloßhotel.

b) hoch sein

Big Ben in London	+
Olympiaturm in München	++
Eiffelturm in Paris	+++

c) alt sein

Humboldt-Universität Berlin	+
Universität Straßburg	++
Karls-Universität in Prag	+++

d) groß sein

Münster	+
Dresden	++
Berlin	+++

e) lang sein

Weser	+
Elbe	++
Rhein	+++

f) gern spielen (Boris)

Fußball	+
Golf	++
Tennis	+++

g) gut Deutsch sprechen

George	+
Monique	++
Natalie	+++

h) schnell schwimmen

Paula	+
Linda	++
Yasmin	+++

i) schön wohnen

Bernd	+
Thomas	++
Jochen	+++

Lektion 9

Nach Übung

10

im Kursbuch

16. Schreiben Sie.

a) die Lampe – teuer

   ○ *Nimm doch die Lampe da !*
   □ *Die gefällt mir ganz gut,*
     aber ich finde sie zu teuer.
   ○ *Dann nimm doch die da*
     links, die ist billiger.

b) der Tisch – niedrig

   ○ *Nimm doch ...*
   □ *Der gefällt ...*

c) der Teppich – breit   f) die Sessel (Pl.) –
d) das Regal – groß   unbequem
e) die Uhr – teuer   g) die Teller (Pl.) – klein

Nach Übung

10

im Kursbuch

17. Ergänzen Sie.

○ Guten Tag. Kann ich (a) ___*Ihnen*___ helfen?
□ Ja, ich suche eine Bürolampe. Können Sie (b) _____ bitte (c) _____
   zeigen?
○ Gern. Hier habe ich (d) _____ für 48 Mark. (e) _____ kann ich
   (f) _____ sehr empfehlen. (g) _____ ist sehr günstig.
□ Ja, (h) _____ ist ganz praktisch, aber (i) _____ gefällt (j)
   nicht.
○ Und (k) _____ hier? Wie gefällt (l) _____ _____ ?
□ Ganz gut. Was kostet (m) _____ denn?
○ 65 Mark.
□ Das ist (n) _____ zu teuer.
○ Wir haben hier noch (o) _____ für 37 Mark.
□ (p) _____ finde ich ganz schön. (q) _____ nehme ich. Können Sie
   (r) _____ bitte einpacken?
○ Ja, natürlich.

Nach Übung

12

im Kursbuch

18. Welche Antwort paßt?

a) Was hat Ihre Frau dazu gesagt?
   Ⓐ Das hat ihr nicht gefallen.
   Ⓑ Sie hat es immer wieder gesagt.
   Ⓒ Sie hat das nicht gut gefunden.

b) Sind Sie jetzt wirklich glücklich?
   Ⓐ Ja, sie sind wirklich glücklich.
   Ⓑ Ja, ich bin wirklich glücklich.
   Ⓒ Ja, sie ist wirklich glücklich.

c) Schenk ihr doch einen Walkman.
   Ⓐ Hat sie noch keinen?
   Ⓑ Der ist am besten.
   Ⓒ Was ist das denn?

d) Nimm doch den zu 99 Mark.
   Ⓐ Und warum?
   Ⓑ Der ist am billigsten.
   Ⓒ Welchen kannst du mir denn empfehlen?

19. Was paßt zusammen?

Nach Übung
12
im Kursbuch

A. Mit welchen Geräten kann man …

a)	Radio
b)	Radiorekorder
c)	CD-Player
d)	(Foto-)Kamera
e)	Fernsehgerät
f)	Videokamera
g)	Videorekorder
h)	Video-Walkman
i)	Walkman

Musik hören? _____

Musik aufnehmen? _____

Nachrichten hören? _____

Nachrichten hören und sehen? _____

die Kinder filmen? _____

Videokassetten abspielen? _____

Filme aufnehmen? _____

fotografieren? _____

Filme ansehen? _____

Interviews aufnehmen? _____

Sprachkassetten abspielen? _____

fernsehen? _____

B. Was kann man mit den Geräten machen?

a) *Mit einem Radio kann man Nachrichten hören.*

b) …

20. Ihre Grammatik.

Nach Übung
13
im Kursbuch

Unterstreichen Sie:

Wer/Was?

Wem?

Wen/Was?

a) Der Verkäufer hat ihr auf der Messe den Walkman erklärt.
b) Den Walkman hat er ihr auf der Messe erklärt.
c) Dort hat er ihr den Walkman erklärt.
d) Er hat ihr früher oft geholfen.
e) Seine Tante hat ihm deshalb später das Bauernhaus vererbt.
f) Das Bauernhaus hat sie ihm deshalb vererbt.
g) Die Großstadt hat ihm zuerst ein bißchen gefehlt.
h) Später hat sie ihm nicht mehr gefehlt.

Vorfeld	Verb₁	Subj.	Ergänz.	Angabe	Ergänzung	Verb₂
a) Der Verkäufer	hat		ihr	auf der Messe	den Walkman	erklärt.
b)						
c)						
d)						
e)						
f)						
g)						
h)						

Lektion 10

Wortschatz

Verben

aufpassen 123
berichten 118, 121
besichtigen 122

bestehen (aus) 120
erfinden 118
fließen 121, 125

gehören 119, 124
wachsen 126
wählen 119

wandern 126

Nomen

r Anfang, ¨e 122
s Ausland 121
r Bach, ¨e 125
r Bau 122
e Beamtin, -nen /
   r Beamte, -n; ein
   Beamter 119
r Berg, -e 125
e Brücke, -n 126
s Datum, Daten 119
r Dialekt, -e 120
s Elektrogerät, -e 118

e Firma, Firmen 15,
   90, 118
r Fluß, Flüsse 125
s Gasthaus, ¨er 123
s Gebiet, -e 120
r Hafen, ¨ 122
s Jahrhundert, -e 122
r Kilometer, - 124
e Kneipe, -n 123
r Kohl 123
e Küste, -n 120, 121
Lebensmittel (Plural)

   41, 118
s Mal, -e 53, 122
r Meter, - 62, 122
e Ministerin, -nen /
   r Minister, - 119
e Nation, -en 124
e Pension, -en 126
r Politiker, - 118
e Schauspielerin, -nen /
   r Schauspieler, - 118
e Schriftstellerin, -nen /
   r Schriftsteller, - 118

e Sehenswürdigkeit, -
   en 126
r Sitz, -e 122
e Sprache, -n 120, 121
r Staat, -en 120, 124,
   125
s Studium 119
r Tod 122
e Touristin, -nen /
   r Tourist, -en 122
s Werk, -e 119

Adjektive

blau 124
endgültig 119
fertig 122
international 13, 124
offiziell 120, 121
tief 125

Adverbien

damals 124
daher 120

Funktionswort

darin 122

Grammatik

Definiter Artikel und Nomen im Genitiv (§ 4 und 5)

Maskulinum	*Singular:*	des Stuhls	*Plural:*	der	Stühle
Femininum		der Lampe			Lampen
Neutrum		des Klaviers			Klaviere

Indefiniter Artikel, Possessivartikel, Negation im Genitiv (§ 4 und 6)

	Indefiniter Artikel	Possessivartikel		Negation	
Singular:	eines Stuhls	meines / seines deines / Ihres	Stuhls	keines	Stuhls
	einer Lampe			keiner	Lampe
	eines Regals	meiner / seiner deiner / Ihrer	Lampe	keines	Regals
		meines / seines deines / Ihres	Regals		
Plural:	(von Stühlen) (von Lampen) (von Regalen)	meiner / seiner deiner / Ihrer	Stühle Lampen Regale	keiner	Stühle Lampen Regale

Ländernamen im Genitiv

im größten Teil im Norden / im Süden / im Osten / im Westen	Deutschlands Österreichs Frankreichs …
die Grenzen die Sprache die Städte die Flüsse und Seen	der Bundesrepublik der Schweiz der Türkei der GUS des Großherzogtums Luxemburg des Fürstentums Liechtenstein der USA *(Plural!)* der Niederlande *(Plural!)*
die Hauptstadt ein Wahrzeichen	

Präpositionen mit Akkusativ (§ 18)

		Maskulinum	*Femininum*	*Neutrum*
durch	Wie?	durch den See	durch die Stadt	durch das Haus
um	Wo?	(rund) um den See	um die Stadt	um das Haus

Lektion 10

Nach Übung

1

im Kursbuch

1. Welches Wort paßt?

a) Wien ist _____ von Österreich.
  Ⓐ ein Ausland   Ⓑ die Hauptstadt   Ⓒ ein Staat

b) Ein _____ braucht Benzin und hat 2 Räder.
  Ⓐ Fahrrad   Ⓑ Motorrad   Ⓒ Auto

c) ○ Welches _____ haben wir heute?
  □ Heute ist der 1. Juni 1991.
  Ⓐ Datum   Ⓑ Termin   Ⓒ Tag

d) In meinem Regal stehen alle _____ von Goethe.
  Ⓐ Adressen   Ⓑ Dialekte   Ⓒ Werke

e) In Deutschland ist ein Lehrer _____.
  Ⓐ Künstler   Ⓑ Handwerker   Ⓒ Beamter

f) Im Theater arbeiten _____.
  Ⓐ Schauspieler   Ⓑ Künstler   Ⓒ Schriftsteller

Nach Übung

2

im Kursbuch

2. Welche Wörter bedeuten Berufe, welche nicht?

Arzt   Friseur   Person   Verkäufer   Doktor   Kollege   Österreicher   Chef
Sohn   Deutscher   Tante   Politiker   Polizist   Junge
Bäcker   Student   Bruder   Mann   Hausfrau   Tourist   Nachbar
Theater   Passagier   Eltern   Lehrer   Minister   Schriftsteller   Maler   Tochter
Schauspieler   Schweizer   Beamter   Herr   Schüler   Soldat   Ausländer   Freund

a) Berufe

Arzt / Ärztin
. . .

b) keine Berufe

Student / Studentin
. . .

Nach Übung

2

im Kursbuch

3. Was paßt zusammen?

Fußball   einen Brief   ein Buch   eine Insel   ein Bild
eine Maschine   ein Lied   ein Gerät   ein Land   Tennis

a) _____ entdecken   d) _____ erfinden
b) _____ schreiben   e) _____ malen
c) _____ komponieren   f) _____ spielen

4. Wann hat ... gelebt? Schreiben Sie.

Nach Übung

2

im Kursbuch

a) Thomas Mann   1875–1955

von achtzehnhundertfünfundsiebzig bis neunzehnhundertfünfundfünfzig

b) Max Frisch	1911–1991	g) Johann Sebastian Bach	1685–1750
c) Albert Einstein	1879–1955	h) Martin Luther	1483–1546
d) Adolph von Menzel	1815–1905	i) Meister Eckhart	1216–1328
e) Heinrich Heine	1797–1856	j) Friedrich I. Barbarossa	1125–1190
f) Friedrich Schiller	1759–1805	k) Karl der Große	742–814

5. Was wissen Sie über Thomas Mann? Schreiben Sie.

Nach Übung

3

im Kursbuch

1875 in Lübeck
mit 26 Jahren das Buch „Die Buddenbrooks"
etwa 40 Jahre lang in München
fünf Kinder
1929 den Nobelpreis für Literatur
1933 aus Deutschland
kurze Zeit in der Schweiz
1938 nach Amerika
nach dem Zweiten Weltkrieg nach Europa
von 1952 bis zu seinem Tod in der Schweiz
Deutschland nur noch manchmal
1955 in Kilchberg bei Zürich

bekommen   besuchen

~~geboren~~ sein   gehen

haben   leben   sein

schreiben   sterben

zurückkommen

weggehen   wohnen

Thomas Mann ist 1875 in Lübeck geboren.
...

6. Woher kommt er/sie? Was spricht er/sie? Schreiben Sie.

Nach Übung

5

im Kursbuch

a)    b)    c)    d)

Er ist Spanier.
Er kommt aus Spanien.
Er spricht Spanisch.

Lektion 10

Nach Übung

5

im Kursbuch

7. Lesen Sie noch einmal die Seiten 13, 16 und 17 im Kursbuch. Ergänzen Sie dann.

	Er/Sie heißt…	Er/Sie ist aus…	Er/sie ist…	Er/sie spricht…
a)	Julia Omelas Cunha		Brasilianerin	
b)	Victoria Roncart	Frankreich		
c)	Farbin Halim			Hindi
d)	Kota Oikawa	Japan		
e)	Sven Gustafsson			Schwedisch
f)	Ewald Hoppe		Pole	
g)	John Roberts			Englisch
h)	Monika Sager	Deutschland		

Nach Übung

5

im Kursbuch

8. Ergänzen Sie.

| aber | dann | deshalb | oder | und | trotzdem | sonst |

a) Deutsch spricht man in Deutschland _____ in Österreich, _____ auch in einem Teil der Schweiz.

b) Das Elsaß gehört zu Frankreich, _____ viele Menschen sprechen dort einen deutschen Dialekt.

c) Der Süden von Dänemark war früher manchmal deutsch und manchmal dänisch. _____ sprechen dort noch viele Menschen Deutsch.

d) Seit mehr als 100 Jahren leben deutsche Familien in der UdSSR. Sie hatten wenig Kontakt zu Deutschland. _____ haben sie die deutsche Sprache nicht vergessen. Ihr Deutsch ist nicht sehr modern, _____ jeder Deutsche kann sie gut verstehen.

e) Sie möchten die deutsche Sprache und ihre Dialekte kennenlernen? _____ machen Sie am besten eine Reise durch Deutschland!

f) Herr und Frau Raimund möchten Französisch lernen. _____ machen sie beide einen Sprachkurs. Im Juli ist der Kurs zu Ende. _____ wollen sie in Frankreich Urlaub machen.

g) Was kann man leichter lernen: Englisch _____ Französisch?

h) Man muß eine Fremdsprache gut sprechen, _____ kann man im Ausland keine Freunde finden.

9. Schreiben Sie die Zahlen.

Nach Übung

5

im Kursbuch

a) der 1. _____ Januar

b) der 2. _____ Februar

c) der 3. _____ März

d) der 4. _____ April

e) der 5. _____ Mai

f) der 6. _____ Juni

g) der 7. _____ Juli

h) der 8. _____ August

i) der 9. _____ September

j) der 10. _____ Oktober

k) der 11. _____ November

l) der 12. _____ Dezember

m) der 13. _____ August

n) der 14. _____ Oktober

10. Lesen Sie im Kursbuch Seite 122. Steht das so im Text?

Nach Übung

6

im Kursbuch

	r	f

1. Der Dresdner Zwinger ist die größte Kirche Deutschlands.
2. Im Juni 1880 war das Riesenrad endlich fertig.
3. Der Österreicher H. von Karajan hat in Berlin gearbeitet.
4. In der neuen Pinakothek gibt es keine Bilder aus dem 17. Jahrhundert.
5. Ein Engländer hat den Berner „Zytglogge" gebaut.
6. Heute können die Touristen den Dresdner Zwinger wieder besichtigen.
7. In die Stadt Bern kann man nur durch einen Turm hineinkommen.
8. Die Bauzeit des Kölner Doms war sehr lang.
9. Der „Michel" steht am Hamburger Hafen.
10. In Frankfurt finden die Messen auf dem Römerberg statt.

11. Welches Verb paßt? Ergänzen Sie.

Nach Übung

6

im Kursbuch

geboren sein   gehören   bestehen   gestorben sein   raten   verbinden   wählen   besichtigen

a) zu Österreich
   zum Hotel   _____
   zu einer Gruppe

b) einen Namen
   eine Person   _____
   richtig

c) in Wien
   mit 79 Jahren   _____
   am 5. Januar

d) einen Minister
   einen Politiker _____
   das Parlament

e) eine Kirche
   das Denkmal   _____
   ein Schloß

f) aus Fleisch und Gemüse
   aus Holz   _____
   aus Papier

g) in Heidelberg
   am 25. Mai 1954 _____
   vor 25 Jahren

h) Deutschland mit
   der Schweiz   _____
   zwei Städte
   zwei Dinge

Lektion 10

Nach Übung

6

im Kursbuch

12. Ergänzen Sie. Was paßt zusammen?

mit einem Freund	bei einem Freund	für einen Freund	dem Freund ein Buch
einem Freund	ein Freund	zu einem Freund	einen Freund

a) _____ | telefonieren
verabredet sein
sprechen

e) _____ | helfen
leid tun
zuhören

b) _____ | leihen
schenken
schicken

f) _____ | einkaufen
bezahlen
Zeit haben

c) _____ | wohnen
bleiben
übernachten

g) _____ | anrufen
einladen
heiraten

d) _____ | gehen
ziehen
fahren

h) _____ | sein
bleiben
werden

Nach Übung

6

im Kursbuch

13. Welche Verben sind möglich?

A. Herr Ziehl
a) ☐ fährt
b) ☐ arbeitet
c) ☐ besichtigt
d) ☐ bleibt
e) ☐ bringt
f) ☐ beschreibt
g) ☐ fragt
h) ☐ fotografiert
i) ☐ trifft
j) ☐ kennt

den Hafen.

B. Deutschland
a) ☐ besteht aus
b) ☐ gehört zu
c) ☐ verbindet mit
d) ☐ geht zu
e) ☐ liegt in
f) ☐ kommt aus
g) ☐ ist ein Teil von
h) ☐ diskutiert mit
i) ☐ ist in

Europa.

14. Ergänzen Sie.

a) die Sehenswürdigkeiten (Hauptstadt) *der Hauptstadt*
b) der Komponist (Lieder) _____ _____
c) am Anfang (Jahrhundert) _____ _____
d) das Wahrzeichen (Stadt) _____ _____
e) der Sitz (Stadtparlament) _____ _____
f) der Chef (Orchester) _____ _____
g) im Westen (Land) _____ _____
h) die Namen (Firmen) _____ _____
i) das Dach (Turm) _____ _____
j) die Adressen (Geschäfte) _____ _____

15. Sagen Sie es anders.

Nach Übung

6

im Kursbuch

Das ist die Telefonnummer… = Das ist die Telefonnummer…

a) meiner Mutter = *von meiner Mutter*

b) seines Vaters = *von* _____

c) unserer Schule = _____

d) ihres Chefs = _____

e) deines Kollegen = _____

f) der Reinigung = _____

g) des Rathauses = _____

h) unserer Nachbarn = _____

i) *der Bibliothek* _____ = von der Bibliothek

j) _____ = von meinem Vermieter

k) _____ = vom Gasthaus Schmidt

l) _____ = von einem Restaurant

m) _____ = vom Café Fischer

n) _____ = von unserem Arzt

o) _____ = von euren Nachbarn

p) _____ = vom Nationalmuseum

Das ist die Telefonnummer… = Das ist…

q) von Barbara = *Barbaras Telefonnummer*

r) von Werner = _____

s) von Hannes = _____

t) von Jürgen = _____

u) von Ulrike = _____

16. Ergänzen Sie.

Nach Übung

6

im Kursbuch

von…bis	bis	in	seit	nach	vor

Goethe ist (a) _____ 28. August 1749 in Frankfurt geboren. (b) _____ 1765
geht er dort zur Schule. (c) _____ 1765 _____ 1768 studiert er in Leipzig.
(d) _____ _____ Studium dort geht er an die Universität in Straßburg und
promoviert dort (e) _____ Jahr 1771. Er wohnt dann wieder in Frankfurt und arbeitet
dort (f) _____ 1771 _____ 1775 als Rechtsanwalt. (g) _____
_____ vier Jahren in Frankfurt schreibt er den Roman „Die Leiden des jungen
Werthers". Das Buch macht ihn in ganz Europa berühmt. (h) _____ Jahr 1775 ruft ihn
der Herzog Karl August nach Weimar. Goethe arbeitet dort als Landesbeamter und sogar als
Minister. 1786 reist er nach Italien und bleibt dort (i) _____ 1788. Er kommt
(j) _____ _____ Reise nach Weimar zurück. 1806 heiratet er Christiane

Lektion 10

Vulpius. Mit ihr lebt er schon (k) _____ 1788 zusammen. (l) _____
_____ Weimarer Zeit interessiert ihn vor allem die Naturwissenschaft. Erst
(m) _____ _____ Freundschaft und Zusammenarbeit mit Friedrich Schiller
(1794 (n) _____ 1805) schreibt er wieder wichtige literarische Werke: „Wilhelm Mei-
sters Lehrjahre", „Reineke Fuchs", „Hermann und Dorothea", „Die natürliche Tochter" und,
(o) _____ Schillers Tod 1805, den „Faust" (1. Teil), die „Wahlverwandtschaften",
„Aus meinem Leben. Dichtung und Wahrheit", „Wilhelm Meisters Wanderjahre" und den
„West-östlichen Divan". (p) _____ _____ letzten Monaten
(q) _____ _____ Tod beendet er die Arbeiten am „Faust 2. Teil". Goethe
stirbt (r) _____ Jahr 1832 in Weimar.

Nach Übung

10

im Kursbuch

17. Ergänzen Sie. Lesen Sie vorher den Text im Kursbuch auf Seite 124.

(a) Am _____ treffen sich drei _____: (b) Deutschland,
_____ _____ _____ Schweiz. (c) Die _____ zwischen
den drei _____ sind sehr offen. (d) Man kann _____ Probleme _____
einem Land _____ das andere _____. (e) Im Südosten _____ Sees liegt
Österreich, im Südwesten _____ Schweiz und im Norden Deutschland. (f) 168 Kilometer
seines _____ gehören _____ Bundesrepublik. (g) Das Ufer in der
_____ ist 69 _____ _____, 40 Kilometer
_____ als das Ufer in Österreich. (h) _____ Mai _____ Oktober verbinden
_____ und zwei _____ die Städte am Bodensee. (i) Mehr
als 200 _____ und _____ fließen in den See. (j) _____ ist
63 Kilometer _____ und 14 Kilometer _____. (k) Jedes Jahr
kommen viele _____ _____ den Bodensee und _____ dort
Urlaub. (l) Auf zwei über 300 Kilometer langen Wegen können Sie rund _____ den See
_____ oder radfahren.

Nach Übung

11

im Kursbuch

18. Welches Wort paßt nicht?

a) Sprache – Dialekt – Deutsch – Buch
b) Ausland – Österreich – Schweiz – Liechtenstein
c) Strand – Küste – Meer – Ufer
d) Hafen – Bahnhof – Schiff – Flughafen
e) Meter – Kilogramm – Liter – Tasse – Kilometer
f) breit – rund – tief – lang – hoch – kurz
g) Kneipe – Museum – Hotel – Schloß – Denkmal
h) Fluß – Bach – Meer – Bad
i) Fahrrad – Fähre – Auto – Flugzeug
j) Nation – Staat – Land – Natur
k) Hafen – Brücke – Straße – Weg
l) Dorf – Stadt – Ort – Parlament
m) Frühling – Klima – Herbst – Sommer
n) Hotel – Pension – Museum – Gasthof
o) mit dem Auto – zu Fuß – mit dem Rad – mit dem Fuß – mit dem Schiff

19. Was paßt?

Nach Übung
11
im Kursbuch

etwas	vor allem	meistens	oft	selten	ganz
fast	manchmal	natürlich	plötzlich	vielleicht	

a) (Gewöhnlich) _____ trinke ich abends Tee.

b) (Selbstverständlich) _____ kannst du mitkommen.

c) Das ist (völlig) _____ unmöglich.

d) Leider habe ich (kaum noch Freunde) _____ keine Freunde mehr.

e) (Ganz besonders) _____ mag ich Jazz-Musik.

f) (Eventuell) _____ fahren wir heute noch nach Hause.

g) Nach Berlin kommen wir (nicht oft) _____.

h) Möchten Sie noch (ein bißchen) _____ Wein?

i) Meine Freunde sehe ich (häufig) _____.

j) Auf dem Petersplatz in Rom waren viele Leute, und (in einer Sekunde) _____ habe ich meinen Freund nicht mehr gesehen.

k) Meistens kann ich gut schlafen, aber (nicht immer) _____ trinke ich zuviel Kaffee, und dann habe ich Probleme.

20. Ergänzen Sie die Präpositionen und Artikel.

Nach Übung
11
im Kursbuch

in	durch	nach	auf	um	an	über

a) Viele Schweizer fahren _____ Friedrichshafen und kaufen dort ein.

b) _____ Westen der Schweiz sprechen die Leute Französisch.

c) In den Dörfern _____ _____ Nordseeküste und _____ _____ Nordseeinseln sprechen viele Leute Plattdeutsch.

d) Gestern sind wir _____ _____ Pfänder gewandert. Er ist 1064 Meter hoch. Der Blick von dort _____ _____ Bodensee ist phantastisch.

e) Der Wanderweg rund _____ _____ Bodensee ist 316 Kilometer lang.

f) Der Rhein fließt _____ _____ Bodensee.

g) Gehen Sie dort _____ _____ Brücke. Dann kommen Sie _____ _____ Insel Mainau.

h) Früher ist man in Bern _____ _____ Zeitglockenturm _____ _____ Stadt gegangen.

i) Das Land Liechtenstein liegt _____ _____ Nähe des Bodensees.

j) _____ _____ Bodenseeinseln dürfen keine Autos fahren.

k) Wir fahren am Wochenende _____ _____ Alpen. Denn _____ _____ Bergen liegt jetzt genug Schnee; man kann dort sehr gut Ski fahren.

Lektion 10

Nach Übung

11

im Kursbuch

21. Was paßt?

a) Dieses Buch über die Berliner Museen ist _____ interessant.
   - Ⓐ ganz besonders
   - Ⓑ praktisch
   - Ⓒ genau

b) Geh bitte zum Lebensmittelmarkt und kauf Milch. _____ brauche ich noch Obst und Gemüse vom Markt.
   - Ⓐ Ungefähr
   - Ⓑ Außerdem
   - Ⓒ Wirklich

c) Ich komme etwa um sieben Uhr nach Hause, _____ auch etwas später.
   - Ⓐ ungefähr
   - Ⓑ endlich
   - Ⓒ eventuell

d) Kleidung, Schuhe, Skizeug: Da ist ja _____ noch Platz im Koffer!
   - Ⓐ fast
   - Ⓑ kaum
   - Ⓒ ziemlich

e) Fred hat das Auto erst vor vier Monaten gekauft. Es ist noch _____ neu.
   - Ⓐ direkt
   - Ⓑ fast
   - Ⓒ eventuell

f) Das habe ich noch nie gesehen! Ich glaube, das geht gar nicht! Das ist _____ unmöglich.
   - Ⓐ kaum
   - Ⓑ endlich
   - Ⓒ praktisch

g) _____ trinke ich morgens Tee, aber heute möchte ich gern einen Kaffee.
   - Ⓐ Gewöhnlich
   - Ⓑ Praktisch
   - Ⓒ Unbedingt

h) Warum fragst du überhaupt? _____ bist du auch eingeladen.
   - Ⓐ Wohl
   - Ⓑ Natürlich
   - Ⓒ Gar nicht

i) Sofie ißt gern Torte, _____ Schokoladentorte.
   - Ⓐ gleichzeitig
   - Ⓑ vor allem
   - Ⓒ eigentlich

j) _____ rufe ich dich an. Das ist doch gar kein Problem.
   - Ⓐ Einfach
   - Ⓑ Wirklich
   - Ⓒ Selbstverständlich

k) Meine Wohnung hat nicht nur einen Balkon, sie hat _____ einen Garten.
   - Ⓐ ungefähr
   - Ⓑ sogar
   - Ⓒ überall

Nach Übung

11

im Kursbuch

22. Schreiben Sie den Brief neu.

a) Ordnen Sie die Teile.

wandern. Die mir, sonst

schon mit meinem es hier phantastisch.

...annes, Woche bin ich nun Bodensee. Ich finde Tag haben wir

Grüße

Sonne, und ich kann Berge sind herrlich. ist alles prima. Bis nächste

Lieber Jol seit einer Zelt am Den ganzen

stundenlang Nur Du fehlst Woche! Ganz herzliche Katrin

b) Schreiben Sie den Brief.

Lieber Johannes,
seit einer Woche ...

Lektion 1

1. a) *heißen · heiße*   **b)** heißt · ist   **c)** ist · bin   **d)** Sind · bin   **e)** bist · heiße   **f)** sind

2. b) Das bin ich.   **c)** Mein Name ist Mahler. / Ich heiße Mahler.   **d)** Nein, mein Name ist Beier. / Nein, ich heiße Beier.   **e)** Ich heiße Paul. / Mein Name ist Paul.

3. a) *ist* · bin · sind · ist   **b)** t · e · ist   **c)** en · e · ist   **d)** e · bist · ist

4.

	ich	du	Sie	mein Name/wer?
sein	*bin*	bist	sind	ist
heißen	heiße	heißt	heißen	

5. Situation A: Dialog c);   Situation B: Dialog e);   Situation C: Dialog a);   Situation D: Dialog b);   Situation E: Dialog d)

6. a) *Wie heißen Sie?* Mein Name ist Müller.   **b)** Wer ist Frau Beier? · Das bin ich.   **c)** Sind Sie Herr Lüders? · Nein, ich heiße Röder.   **d)** Wie heißt du? · Ich heiße Lea.   **e)** Wie geht es Ihnen? · Es geht.   **f)** Wie geht es dir? · Danke, gut! · Und dir? · Danke, auch gut!

7. b) dein Name   **c)** Wie geht es Ihnen?   **d)** wo?   **e)** Herr Farahani   **f)** Familienname   **g)** Ihre Telefonnummer   **h)** Danke schön!

8. a) *Wie* heißen Sie? · Wie ist Ihr Vorname? · Wo wohnen Sie? · Wie ist Ihre Adresse? · Wie ist Ihre Telefonnummer? / Und wie ist Ihre Telefonnummer?
b) *Wie* heißt du? · Wie ist dein Familienname? · Wo wohnst du? · Wie ist deine Adresse? · Wie ist deine Telefonnummer? / Und wie ist deine Telefonnummer?

9. 1 Familienname   2 Vorname   3 Straße   4 Wohnort   5 Adresse   6 Telefonnummer

10. a) Wie   **b)** Wo   **c)** Wie   **d)** Wie   **e)** Wie   **f)** Wer   **g)** Wie   **h)** Wer

11. a) siebenundvierzig   **b)** achtundachtzig   **c)** einunddreißig   **d)** neunzehn   **e)** dreiunddreißig   **f)** zweiundfünfzig   **g)** dreizehn   **h)** einundzwanzig   **i)** fünfundfünfzig   **j)** dreiundneunzig   **k)** vierundzwanzig   **l)** sechsundsechzig   **m)** siebzehn   **n)** fünfundneunzig

12. a) We Ee eS – Ka eN zweiundfünfzig   **b)** Ce eL Pe – Jot Ypsilon vierunddreißig   **c)** Zet We – Aa eS siebenundzwanzig   **d)** eF u-Umlaut – iX Te achtundvierzig   **e)** eS Ha Ge – Ii Ce einundsiebzig   **f)** Te Be Be – Ka eM dreiundachtzig   **g)** Be Oo eR – Qu Uu fünfundneunzig   **h)** eM Te Ka – Ka eR siebzehn   **i)** Aa Uu eR – Vau Ypsilon neunundsechzig   **j)** eL o-Umlaut – Ka Ge zwölf   **k)** eF eF Be – Oo Te acht   **l)** eR Oo We – eS Ypsilon neunzehn

13. a) Kersten   **b)** Kersch   **c)** Kersting   **d)** Kerting   **e)** Kersen   **f)** Kertelge   **g)** Kerski

14. b) *Bitte* buchstabieren Sie langsam!   **c)** Bitte spielen Sie Dialoge!   **d)** Bitte lesen Sie!   **e)** Bitte hören Sie noch einmal!   **f)** Bitte ergänzen Sie!   **g)** Bitte schreiben Sie Dialoge!

15. ○ *Lehmann.*
□ Hallo? Wer ist da, bitte?
○ Lehmann.
□ Lehmann? Ist da nicht 77 65 43?
○ Nein, meine Nummer ist 77 35 43.
□ Oh, Entschuldigung.
○ Bitte, bitte. Macht nichts.

16. a) *Das ist Klaus-Maria Brandauer. Er wohnt in* Wien.
b) Das ist Christa Wolf. Sie wohnt in Berlin.
c) Das sind Hannelore und Helmut Kohl. Sie wohnen in Oggersheim.
d) Das ist Kurt Masur. Er wohnt in Leipzig.
e) Das ist Katharina Witt. Sie wohnt in Chemnitz.
f) Das ist Friedensreich Hundertwasser. Er wohnt in Wien.

17. a) ○ *Guten Tag. Mein Name ist Varga.*
□ *Und ich heiße Tendera.*
○ *Woher sind Sie?*
□ *Ich bin aus Italien. Und Sie?*
○ *Ich bin aus Ungarn.*
□ Ich komme aus Frankreich. Und Sie?
○ Ich komme aus dem Iran. / ... aus Iran.
c) ○ Guten Tag. Ich bin die Sabine. / Ich heiße Sabine. / Mein Name ist Sabine.
□ Und ich heiße Juan. / Und ich bin der Juan.
○ Woher bist du?
□ Ich bin aus Brasilien. Und du?
○ Ich bin aus Österreich.
b) ○ Guten Tag. Mein Name ist Farahani.
□ Und ich heiße Biro.
○ Woher kommen Sie?

Schlüssel

18. **a)** kommen / sein   **b)** sein   **c)** leben / studieren / wohnen / arbeiten / sein   **d)** studieren   **e)** spielen
   f) lernen / sprechen   **g)** lernen   **h)** heißen

19. **a)** ist · t · ist · t · t · ist · ist · t   **b)** ist · sind · en · sind (kommen) · en   **c)** ist · ist · Ist · t · et · t · ist · t   **d)** sind · e · en ·
   te · ist · bin

20.

	sie (Sabine)	er (Imre)	sie (Juao und Luiza)	Sie
sein	*ist*	ist	*sind*	sind
heißen	heißt	heißt	heißen	heißen
kommen	kommt	kommt	kommen	kommen
wohnen	wohnt	wohnt	wohnen	wohnen

21. **b)** Beruf   **c)** Mädchen   **d)** studieren   **e)** Land   **f)** Herr Röder   **g)** schreiben   **h)** aus   **i)** Hobby   **j)** Kind
   k) lesen

22. **a)** B   **b)** B   **c)** C   **d)** A   **e)** C   **f)** A   **g)** C   **h)** A

23. **a)**

	Frau Wiechert	Herr Matter	Herr Baumer	Und Sie?
Vorname/Alter	*Angelika*	Gottfried	Klaus-Otto	…
Wohnort	Hamburg	Brienz	Vaduz	…
Beruf	Ingenieurin	Landwirt	Automechaniker	…
Familienstand	verheiratet	verheiratet	verwitwet	…
Kinder	zwei	vier	keine (?)	…
Hobbys	Lesen, Surfen	keine (?)	Reisen	…

   b) *Das ist Angelika Wiechert. Sie ist* 34 Jahre alt und wohnt in Hamburg. *Frau Wiechert* ist Ingenieurin. *Sie
   ist* verheiratet *und hat* zwei Kinder. *Ihre Hobbys sind* Lesen und Surfen.
   Das ist Gottfried Matter. Er ist 44 Jahre alt und wohnt in Brienz. Herr Matter ist Landwirt. Er ist
   verheiratet und hat vier Kinder.
   Das ist Klaus-Otto Baumer. Er ist 53 Jahre alt und wohnt in Vaduz. Er ist Automechaniker und verwitwet.
   Sein Hobby ist Reisen.
   Ich heiße … (individuelle Lösung)

24. **a)** *Ich heiße Klaus-Otto Baumer und* bin Automechaniker. Ich wohne in Vaduz. Ich habe dort eine
   Autofirma. Ich bin 53 Jahre alt und verwitwet. Ich bin oft in Österreich und in der Schweiz. Dort kaufe
   und verkaufe ich Autos. Mein Hobby ist Reisen.
   b) *Ich heiße Ewald Hoppe und* komme aus Polen. Ich wohne in Rostock. Ich bin 60 Jahre alt. Ich bin
   Elektrotechniker. Ich bin verheiratet, meine Frau heißt Irena. Ich habe zwei Kinder. Sie sind 24 und
   20 Jahre alt.

25. **a)** schon · erst   **b)** erst · schon   **c)** erst · schon   **d)** schon · schon   **e)** schon · erst   **f)** erst · schon   **g)** schon ·
   erst

26. **a)** *Wie bitte? Wer ist das?*   **b)** *Wie bitte? Wie ist* ihr Vorname?   **c)** *Wie bitte? Woher* kommt sie?   **d)** *Wie
   bitte?* Wo wohnt sie?   **e)** *Wie* bitte? Was studiert sie?   **f)** Wie bitte? Was ist ihr Hobby?

27. **a)** Ist *(Herr Roberts) (Automechaniker)*?   **b)** Heißt sie Heinemann? / Ist ihr Name Heinemann?
   c) Kommt *(Herr Roberts)* aus *(England)*?   **d)** Ist er neu hier?   **e)** Sind Sie Frau Röder? / Heißen Sie
   Röder?   **f)** Ist hier noch frei?   **g)** Reist *(Herr Baumer)* gern?   **h)** Studiert *(Monika) (Chemie)*?   **i)** Ist
   (Herr Hoppe) verheiratet?   **j)** Woher kommt *(John Roberts)*?   **k)** Was studiert *(Monika)*?   **l)** Surfst du
   gern? / Surfen Sie gern?   **m)** Ist *(Margot Schulz) (Sekretärin)*?   **n)** Ist hier frei? / Ist hier noch frei?
   o) Wie ist Ihr Vorname?   **p)** Wo wohnt Abdollah?   **q)** Heißt er *(Juan)*?   **r)** Wer ist das?

28. ○ *Guten Morgen, ist hier noch frei?*
  □ *Ja*, bitte schön. – Sind Sie neu hier?
  ○ Ja, ich arbeite erst drei Tage hier.
  □ Sind Sie aus England?

  ○ Nein, aus Neuseeland.
  □ Und was machen Sie hier?
  ○ Ich bin Programmierer. Ich heiße John Roberts.
  (auch andere Lösungen sind möglich!)

29. a) noch **b)** noch **c)** schon **d)** noch · schon **e)** noch · schon **f)** schon · noch **g)** noch · schon **h)** noch

30. a) st · est · est · bist (kommst) · e · st · bin (komme) · st · est · e
  b) t · et · et · seid (kommt) · en · Seid · sind · t · et · en

31.

	ich	du	wir	ihr
studieren	*studiere*	studierst	studieren	studiert
arbeiten	arbeite	arbeitest	*arbeiten*	arbeitet
sein	bin	bist	sind	seid
heißen	heiße	heißt	heißen	heißt

32. a) Danke **b)** Bitte **c)** bitte · Danke **d)** Bitte · Danke · Bitte **e)** bitte **f)** bitte · Danke

33. a) C **b)** C **c)** A **d)** B **e)** B **f)** A **g)** C **h)** B **i)** A **j)** C **k)** B

34. ○ *Hallo! Habt ihr Feuer?*
  □ *Ja* hier, bitte!
  ○ Danke! Wartet ihr schon lange?
  □ Ja.
  ○ Woher seid ihr?
  □ Wir sind aus Berlin. Und woher kommst du?

  ○ Ich? Aus Stade.
  ○ Wo ist das denn?
  □ Bei Hamburg. Wohin möchtet ihr?
  ○ Nach Frankfurt. Und du?
  □ Nach Wien.

Lektion 2

1. a) *Elektroherd*, Stuhl, Topf, Mine, Kamera, Wasserhahn, Glühbirne
  b) Kugelschreiber, Lampe, Waschbecken, Stecker, Batterie, Zahl
  c) Steckdose, Taschenlampe, Tisch, Foto, Taschenrechner

2. a) der **b)** die **c)** der **d)** die **e)** der **f)** der **g)** der **h)** das **i)** die **j)** die **k)** die **l)** die **m)** der **n)** der **o)** das **p)** der

3. a) *der* Küchenschrank **b)** die Spüle **c)** das Küchenregal **d)** der Küchenstuhl/der Stuhl **e)** die Küchen-lampe/die Lampe **f)** der Stecker **g)** der Elektroherd **h)** das Waschbecken **i)** die Steckdose **j)** die Mikrowelle **k)** der Wasserhahn **l)** der Küchentisch/der Tisch **m)** die Glühbirne **n)** der Geschirrspüler

4. a) sie **b)** Er **c)** Er **d)** Sie **e)** Sie **f)** Es **g)** Sie **h)** Sie **i)** Er

5. a) ein **b)** Das **c)** eine **d)** Die **e)** Der · ein · ein **f)** Der · der **g)** Die · – · die · eine **h)** Die · die

6. a) *Das ist ein Küchenschrank. Der Schrank hat acht Schubladen. Er kostet DM 998,–.*
  b) *Das ist* eine Spüle. Die Spüle hat zwei Becken. Sie kostet DM 299,–.
  c) Das ist ein Kochfeld. Das Kochfeld ist aus Glaskeramik. Es kostet DM 689,–.
  d) Das sind Küchenstühle. Die Stühle sind sehr bequem. Sie kosten DM 285,–.
  e) Das ist ein Elektroherd. Der Herd ist sehr modern. Er kostet DM 1187,–.
  f) Das ist eine Mikrowelle. Die Mikrowelle hat 1000 Watt. Sie kostet DM 868,–.
  g) Das ist ein Geschirrspüler. Der Geschirrspüler hat fünf Programme. Er kostet DM 1349,–.
  h) Das ist eine Küchenlampe. Die Lampe hat eine 75-Watt-Glühbirne. Sie kostet DM 157,–.
  i) Das ist ein Küchenregal. Das Regal ist sehr praktisch. Es kostet DM 188,–.

7. a) Spüle **b)** Bild **c)** Abfalleimer **d)** Regal **e)** Uhr

Schlüssel

8. **1** *Ein Elektroherd* **2** *Eine* Lampe **3** Ein Tisch **4** Ein Waschbecken **5** Batterien **6** Ein Wasserhahn **7** Ein Foto **8** Eine Taschenlampe **9** Ein Topf **10** Eine Mine **11** Ein Kugelschreiber **12** Ein Taschenrechner **13** Eine Uhr **14** Ein Stuhl **15** Ein Fernsehapparat **16** Zahlen **17** Eine Steckdose **18** Ein Stecker **19** Ein Radio **20** Eine Kamera **21** Ein Telefon **22** Ein Bild **23** Ein Abfalleimer **24** Ein Kühlschrank **25** Eine Glühbirne

9. **a)** *Wer ist das?* **b)** Was ist das? **c)** Was ist das? **d)** Wer ist das? **e)** Was **f)** Wer **g)** Wer **h)** Was

10. **a)** *Da ist kein* Elektroherd. **b)** Da ist kein Tisch. **c)** Da ist keine Lampe. **d)** Da ist kein Regal. **e)** Da sind keine Stühle. **f)** Da ist keine Waschmaschine.

11. **a)** Elektroherd, Fernsehapparat, Abfalleimer, Kühlschrank, Kugelschreiber, Stecker, Stuhl, Taschenrechner, Geschirrspüler, Schrank, Tisch
  b) Taschenlampe, Mine, Lampe, Glühbirne, Uhr, Steckdose, Spüle, Mikrowelle
  c) Foto, Bild, Radio, Regal

12. -e *das Telefon, die Telefone;* der Elektroherd, die Elektroherde; der Tisch, die Tische; der Beruf, die Berufe; das Regal, die Regale; der Fernsehapparat, die Fernsehapparate
  ¨e *der Stuhl, die Stühle;* der Wasserhahn, die Wasserhähne; der Topf, die Töpfe; der Arzt, die Ärzte
  -n *die Lampe, die Lampen;* die Spüle, die Spülen; der Name, die Namen; die Glühbirne, die Glühbirnen; die Spülmaschine, die Spülmaschinen; die Batterie, die Batterien; die Mikrowelle, die Mikrowellen; die Mine, die Minen
  -en *die Uhr, die Uhren;* die Zahl, die Zahlen; die Frau, die Frauen
  - *der Stecker, die Stecker;* der Kugelschreiber, die Kugelschreiber; der Abfalleimer, die Abfalleimer; das Waschbecken, die Waschbecken; der Ausländer, die Ausländer; das Mädchen, die Mädchen; der Taschenrechner, die Taschenrechner
  ¨ *die Mutter, die Mütter*
  -er *das Bild, die Bilder;* das Kochfeld, die Kochfelder; das Kind, die Kinder
  ¨er *der Mann, die Männer;* das Land, die Länder
  -s *das Foto, die Fotos;* die Kamera, die Kameras; das Radio, die Radios; das Hobby, die Hobbys; das Auto, die Autos

13. **a)** *264* **b)** 192 **c)** 581 **d)** 712 **e)** 655 **f)** 963 **g)** 128 **h)** 313 **i)** 731 **j)** 547 **k)** 886 **l)** 675 **m)** 238 **n)** 493 **o)** 922 **p)** 109 **q)** 816 **r)** 201

14. **a)** achthundertzwei **b)** einhundertneun **c)** zweihundertvierunddreißig **d)** dreihundertsechsundfünfzig **e)** siebenhundertachtundachtzig **f)** dreihundertdreiundsiebzig **g)** neunhundertzwölf **h)** vierhunderteins **i)** sechshundertzweiundneunzig **j)** fünfhundertdreiundvierzig **k)** vierhundertachtundzwanzig **l)** siebenhundertneunundsiebzig **m)** zweihundertvierundachtzig **n)** neunhundertsiebenundneunzig **o)** zweihundertachtunddreißig **p)** fünfhundertdreizehn **q)** neunhundertvierundfünfzig **r)** siebenhundertsechsundachtzig

15. **a)** sie **b)** es **c)** sie **d)** er **e)** sie **f)** sie **g)** sie **h)** es

16. **a)** Ihre **b)** dein **c)** Ihre **d)** Ihre **e)** deine **f)** deine

17. **a)** Benzin **b)** Foto **c)** frei **d)** waschen **e)** hören und sprechen **f)** spülen **g)** bequem

18. **a)** fährt gut **b)** ist ehrlich **c)** spült nicht **d)** antwortet nicht **e)** ist kaputt **f)** wäscht nicht **g)** ist leer **h)** ist praktisch **i)** wäscht gut **j)** ist ledig **k)** ist klein **l)** ist ehrlich

19. **b)** *Nein, das* sind ihre Fotos. **c)** Nein, das ist sein Kugelschreiber. **d)** Nein, das ist ihr Radio. **e)** Nein, das ist ihre Lampe. **f)** Nein, das ist ihr Fernsehapparat. **g)** Nein, das sind seine Batterien. **h)** Nein, das ist ihre Kamera **i)** Nein, das ist ihr Auto. **j)** Nein, das ist seine Taschenlampe. **k)** Nein, das ist ihr Taschenrechner.

Lektion 3

1. ESSEN: REIS, GEMÜSE, KÄSE, FLEISCH, HÄHNCHEN
   TRINKEN: SAFT, BIER, MILCH, SCHNAPS, KAFFEE, WASSER, WEIN
   SONSTIGES: FLASCHE, DOSE, ABEND, TASSE, TELLER, MITTAG, GABEL, LÖFFEL, MESSER

2. a) ... *Der Sohn* ißt ein Hähnchen mit Pommes frites und trinkt eine Limonade.
   b) *Der Vater ißt* eine Bratwurst mit Brötchen und trinkt ein Bier. Die Tochter ißt einen Hamburger und trinkt eine Cola.
   c) Sie trinkt ein Glas Wein. Er trinkt auch ein Glas Wein.
   d) Die Frau ißt ein Stück Kuchen / einen Kuchen und trinkt ein Glas Tee / einen Tee.

3. a) *Er ißt gern* Hamburger, Pizza, Pommes frites und Eis, *und er trinkt gern* Cola. *Aber er mag keinen Salat,* keinen Käse, kein Bier, keinen Wein und keinen Schnaps.
   b) Sie ißt gern Obst, Fisch und Marmeladebrot, und sie trinkt gern Wein. Aber sie mag kein Eis, keinen Kuchen, keine Wurst, keine Pommes frites und kein Bier.
   c) Er ißt gern Fleisch, Wurst und Kartoffeln, und er trinkt gern Bier und Wein. Aber er mag keinen Fisch, keinen Reis und kein Wasser.

4. a) A, B, D b) B, C, D c) A, B, C d) B, C, D e) B, C, D f) A, C, D

5. a) immer b) meistens c) oft d) manchmal e) *selten* f) nie

6. a) *Herr Meinen möchte eine Gemüsesuppe*, einen Kartoffelsalat und ein Bier.
   b) Frau Meinen möchte einen Kuchen / ein Stück Kuchen und einen Kaffee.
   c) Michael möchte einen Hamburger, eine Cola und ein Eis.
   d) Sonja möchte Pommes frites und einen Orangensaft.

7. a) Suppe b) Gemüse c) Kaffee d) Tasse e) Gabel f) Bier g) Hauptgericht h) Eis i) immer
   j) mittags

8. *Fleisch, kalt:* Wurst, Kalter Braten; *warm:* Bratwurst, Schweinebraten, Rindersteak, Hähnchen, Rindfleischsuppe
   kein Fleisch, kalt: Eis, Salatteller, Apfelkuchen, Obst, Fischplatte, Schwarzbrot, Weißbrot, Früchtebecher;
   warm: Fischplatte, Gemüsesuppe, Zwiebelsuppe

9. a) Glas b) essen c) Kalb / Schwein d) trinken e) Ketchup f) Fleisch g) dein h) abends i) Gasthof/Restaurant j) Hauptgericht

10. b) das Hauptgericht c) das Schwarzbrot d) die Bratwurst e) der Apfelkuchen f) der Schweinebraten
    g) das Rindersteak h) der Nachtisch i) der Rotwein j) der Kartoffelsalat k) die Zwiebelsuppe

11. **Kellner:** e), g), j), m) **Gast:** *a)*, b), c), f), l) **Text:** d), h), i), k)

12. a)
    ○ *Was bekommen Sie?*
    □ Ein Rindersteak, bitte.
    ○ Mit Reis oder Kartoffeln?
    □ Mit Kartoffeln.
    ○ Und was bekommen Sie?
    △ Gibt es eine Gemüsesuppe?
    ○ Ja, die ist sehr gut.
    △ Dann bitte eine Gemüsesuppe und ein Glas Wein.
    ○ Und was möchten Sie trinken?
    △ Eine Flasche Mineralwasser.

    b)
    □ *Bezahlen bitte!*
    ○ Zusammen?
    □ Nein, getrennt.
    ○ Was bezahlen Sie?
    □ Das Rindersteak und das Mineralwasser.
    ○ Das macht 27 Mark 60. – Und Sie bezahlen den Wein und die Gemüsesuppe?
    △ Ja, richtig.
    ○ 10 Mark 90, bitte.

13. b) ... den Obstsalat? · ... das Eis mit Sahne. c) ... den Wein? · ... das Bier. d) ... das Eis? · ... den Kuchen. e) ... die Suppe? · ... das Käsebrot. f) ... den Fisch? · ... das Kotelett. g) ... den Kaffee? · ... den Tee. h) ... die Kartoffeln? · ... den Reis. i) den Hamburger? · ... die Fischplatte.

14. b) ein · nicht · keinen c) keinen d) kein e) ein · nicht f) einen · keine g) einen · keinen · ein h) nicht

15. a) B, C b) A, B c) B d) C e) C f) B, C g) A, C h) A, B

16.

	antworten	fahren	essen	nehmen	mögen
ich	antworte	*fahre*	esse	nehme	mag
du	antwortest	fährst	*ißt*	nimmst	magst
Sie	antworten	fahren	essen	*nehmen*	mögen
er / sie / es	antwortet	fährt	ißt	nimmt	*mag*
wir	antworten	fahren	essen	*nehmen*	mögen
ihr	antwortet	fahrt	*eßt*	nehmt	mögt
Sie	antworten	*fahren*	essen	nehmen	mögen
sie	*antworten*	fahren	essen	nehmen	mögen

17. **a)** *nimmst* **b)** nehme / esse **c)** ist **d)** schmeckt / ist **e)** nimmst / ißt **f)** nehme / esse **g)** magst / ißt **h)** Nimm / Iß **i)** ist **j)** esse **k)** trinkst **l)** nehme / trinke **m)** nehme / trinke

18. A 3 B 9 (10) **C** 11 **D** 1 **E** 4 **F** 2 **G** 5 **H** 7 **I** 10 **J** 6 **K** 8

19. a)
○ *Guten Appetit!*
□ *Danke.*
○ *Wie* schmeckt's?
□ Danke, sehr gut. Wie heißt das?
○ Pichelsteiner Eintopf. Das ist Schweinefleisch mit Kartoffeln und Gemüse.
□ Der Eintopf schmeckt wirklich gut.
○ Möchten Sie noch mehr?
□ Ja, noch etwas Fleisch und Gemüse, bitte!

b)
○ *Guten Appetit.*
□ *Danke. Ihnen auch.*
○ *Schmeckt's?*
□ *Ja,* phantastisch. Wie heißt das?
○ Strammer Max. Brot mit Schinken und Ei.
□ Das schmeckt wirklich gut.
○ Nehmen Sie doch noch einen.
□ Danke. Ein Strammer Max ist genug.

20. a) *Er · er* **b)** Er **c)** Sie **d)** Es · es **e)** Sie · sie **f)** Es · es **g)** Sie **h)** Er

21. a) C **b)** B **c)** C **d)** A **e)** B **f)** A

22. A: a, f, g, h **B:** a, b, f, m **C:** f, o **D:** e, o, p **E:** c, e, i, j, k, n, o, p **F:** e, i, j, k, n, o, p **G:** a, f, g, h **H:** d, j, l

23. a) *achtundneunzig* **b)** 36 **c)** dreiundzwanzig **d)** hundertneunundvierzig **e)** siebenhundertsiebenund- siebzig **f)** neunhunderteinundfünfzig **g)** 382 **h)** fünfhundertfünfundsechzig **i)** zweihundertfünfzig **j)** fünfhundert

24.

	Vorfeld	Verb$_1$	Subj.	Angabe	Ergänzung	Verb$_2$
a)	*Ich*	*trinke*		*abends meistens*	*eine Tasse Tee.*	
b)	Abends	trinke	ich	meistens	Tee.	
c)	Tee	trinke	ich	nur abends.		
d)	Maja und Gottfried	möchten			Landwirte	werden.
e)	Markus	möchte		für Inge	ein Essen	kochen.
f)	Was	möchten	Sie?			
g)	Das Brot	ist			alt und hart.	
h)	Ich	bin		jetzt	satt.	

25. *waagerecht:* MARMELADE, KAFFEE, BOHNEN, SAFT, GABEL, WASSER, EI, HÄHNCHEN, SUPPE, KOTELETT, PILS, NACHT, NACHTISCH, EXPORT, EIS, MEHL, WURST, RINDFLEISCH, ZUCKER, ALTBIER, WEISSBIER

senkrecht: BROT, BUTTER, MILCH, *REIS, MESSER,* BIER, LÖFFEL, GEMÜSE, FISCH, APFEL, KUCHEN, KÄSE, NUDELN, WEIN, OBST, DOSE, KÖLSCH

Lektion 4

1. a) Bäcker **b)** Bibliothek **c)** Café **d)** Schwimmbad **e)** Kino **f)** Friseur **g)** Bank **h)** Bar **i)** Geschäft

2. a) *Musik hören* **b)** tanzen **c)** fernsehen **d)** schlafen **e)** aufstehen **f)** Fleisch schneiden **g)** ein Bier trinken / Bier trinken **h)** Geld wechseln **i)** ein Foto machen / Fotos machen **j)** frühstücken **k)** einen Spaziergang machen **l)** schwimmen

3. a) Hier darf Eva nicht rauchen. **b)** Hier darf Eva rauchen. **c)** Eva möchte nicht rauchen. **d)** Hier darf Eva kein Eis essen. **e)** Eva kann hier ein Eis essen. **f)** Eva muß hier warten. **g)** Eva darf hier nicht fotografieren. **h)** Eva möchte fotografieren. **i)** Eva muß aufstehen.

4. a) schlafen **b)** Arbeit **c)** Maschine **d)** zeichnen **e)** essen **f)** stören **g)** Musik

5. a) schläft **b)** liest **c)** Siehst **d)** Siehst · fern **e)** spricht **f)** Sprichst **g)** fährt/fahren **h)** Schläfst **i)** fährt **j)** Ißt · nimmst

6.

	lesen	essen	schlafen	sprechen	sehen
ich	*lese*	esse	schlafe	spreche	sehe
du	liest	ißt	schläfst	sprichst	siehst
er, sie, es, man	liest	ißt	schläft	spricht	sieht
wir	lesen	essen	schlafen	sprechen	sehen
ihr	lest	eßt	schlaft	sprecht	seht
sie, Sie	lesen	essen	schlafen	sprechen	sehen

7. a) *stehe · auf* **b)** *Hören · –* **c)** sehe fern **d)** kaufe · – **e)** Machst · auf **f)** Machst · – **g)** Kaufst · ein **h)** Hören · auf **i)** hören · zu **j)** Siehst · – **k)** gibt · aus **l)** Stehen · auf

8. a) darf · mußt **b)** möchten **c)** dürfen / können · müßt · könnt / dürft **d)** möchte · Darf · kannst **e)** darf · mußt

9. A.

	möchten	können	dürfen	müssen
ich	möchte	kann	darf	muß
du	möchtest	kannst	darfst	mußt
er, sie, es, man	möchte	kann	darf	muß
wir	möchten	können	dürfen	müssen
ihr	möchtet	könnt	dürft	müßt
sie, Sie	möchten	können	dürfen	müssen

B.

	Vorfeld	Verb₁	Subj.	Angabe	Ergänzung	Verb₂
a)	*Nils*	*macht*			die Flasche	auf.
b)	Nils	möchte			die Flasche	aufmachen.
c)		Macht	Nils		die Flasche	auf?
d)		Möchte	Nils		die Flasche	aufmachen?
e)	Wer	macht			die Flasche	auf?
f)	Wer	möchte			die Flasche	aufmachen?

10. A 5 B 2 C 4 D 6 E 1 F 3 G 7

Schlüssel

11. *einen Verband*, Musik, einen Spaziergang, einen Film, Betten, einen Kaffee, das Abendessen, einen Fehler, eine Reise, ein Kotelett, die Arbeit, einen Schrank, Käse, eine Torte, Pause, Kartoffelsalat, das Frühstück

12. b) ○ Jochen steht um sieben Uhr auf. Möchtest du auch um sieben Uhr aufstehen? □ Nein, ich stehe lieber erst um halb acht auf.
    c) ○ Klaus und Bernd spielen Tennis. Möchtest du auch Tennis spielen? □ Nein, ich spiele lieber Fußball.
    d) ○ Renate macht einen Spaziergang. Möchtest du auch einen Spaziergang machen? □ Nein, ich sehe lieber fern.
    e) ○ Wir hören Radio. Möchtest du auch Radio hören? □ Nein, ich mache lieber einen Spaziergang.
    f) ○ Müllers nehmen ein Sonnenbad. Möchtest du auch ein Sonnenbad nehmen? □ Nein, ich räume lieber die Küche auf.
    g) ○ Maria sieht fern. Möchtest du auch fernsehen? □ Nein, ich spiele lieber Klavier.

13. a) noch · schon · erst **b)** schon · noch **c)** erst **d)** noch · schon

14. a) Achtung **b)** Mannschaft **c)** Pause **d)** Frauen **e)** Film **f)** anfangen **g)** geöffnet

15. *Wann?: um 20.00 Uhr,* abends, heute, morgens, morgen, mittags, zwischen 5.00 und 6.00 Uhr, am Mittwoch, morgen um halb acht
    Wie lange?: bis 1.00 Uhr, vier Tage, zwei Monate, zwei Jahre, bis Mittwoch, von 9.00 bis 17.00 Uhr, bis 3.00 Uhr

16. b) *Der D 355 fährt um* acht Uhr einunddreißig in Frankfurt ab und ist um sechzehn Uhr achtundfünfzig in Dresden. **c)** *Der D 331 fährt um* acht Uhr neun in Hamburg ab und ist um zwölf Uhr zwei in Berlin. **d)** Der IC 785 fährt um elf Uhr siebenundzwanzig in Hamburg ab und ist um sechzehn Uhr einundvierzig in Berlin. **e)** Der IC 591 fährt um zehn Uhr zwölf in Stuttgart ab und ist um zwölf Uhr zwanzig in München. **f)** Der D 285 fährt um zehn Uhr sechsundzwanzig in Stuttgart ab und ist um dreizehn Uhr eins in München. **g)** Der D 1033 fährt um neun Uhr vierzig in Lübeck ab und ist um elf Uhr fünfunddreißig in Rostock. **h)** Der D 1037 fährt um siebzehn Uhr vier in Lübeck ab und ist um einundzwanzig Uhr achtundvierzig in Rostock. **i)** Der E 3385 fährt um neunzehn Uhr fünf in Münster ab und ist um einundzwanzig Uhr sieben in Bremen. **j)** Der IC 112 fährt um einundzwanzig Uhr siebenundfünfzig in Münster ab und ist um dreiundzwanzig Uhr zwölf in Bremen. **k)** Der E 4270 fährt um siebzehn Uhr zweiundvierzig in Kiel ab und ist um achtzehn Uhr zweiundfünfzig in Flensburg. **l)** Der E 4276 fährt um einundzwanzig Uhr vier in Kiel ab und ist um zweiundzwanzig Uhr neunzehn in Flensburg.

17. a) Komm, wir müssen gehen! Die Gymnastik fängt um Viertel vor acht an. · Wir haben noch Zeit. Es ist erst Viertel nach vier.
    b) ... Der Vortrag fängt um halb neun an. · ... erst fünf nach sieben.
    c) ... Der Fotokurs fängt um elf Uhr an. · ... erst fünf vor halb elf.
    d) ... Das Tennisspiel fängt um Viertel nach vier an. · ... erst fünf nach halb vier.
    e) ... Die Tanzveranstaltung fängt um halb zehn an. · ... erst Viertel vor neun.
    f) ... Die Diskothek fängt um elf Uhr an. · ... erst zwanzig nach zehn.

18. *ja:* In Ordnung!, Gern!, Na klar!, Na gut!, Die Idee ist gut!, Gut!
    nicht ja und nicht nein: Vielleicht!, Ich weiß noch nicht!, Kann sein!
    nein: Ich habe keine Lust!, Tut mir leid, das geht nicht!, Leider nicht!, Ich kann nicht!, Ich habe keine Zeit!, Ich mag nicht!

19. a) Wann? **b)** Wie viele (Tassen)? **c)** Wie oft? **d)** Wieviel? **e)** Wie lange? **f)** Wie spät? **g)** Wie lange? **h)** Wann? **i)** Wie lange? / Wann? **j)** Wie oft? **k)** Wie viele?

20. ○ *Sag mal,* Hans, hast du heute nachmittag Zeit?
    □ Warum fragst du?
    ○ Ich möchte gern schwimmen gehen. Kommst du mit?
    □ Tut mir leid, ich muß heute arbeiten.
    ○ Schade. Und morgen nachmittag?
    □ Ja, gern. Da kann ich.

21. a) Morgen abend **b)** morgens **c)** Morgen nachmittag **d)** nachmittags, abends **e)** abends **f)** Morgen früh **g)** Mittags **h)** Morgen mittag

22. „da" = **Ort:** Sätze a), c), d); „da" = **Zeitpunkt:** Sätze b), e), f)

23. a) muß **b)** kann · muß **c)** kann · kann **d)** muß **e)** muß · kann **f)** kann · muß **g)** kann

24. a) Sonntag **b)** Situation **c)** hören **d)** abfahren **e)** heute **f)** groß **g)** wo?

25. kann (1): b, d **kann (2):** a, c, f **darf:** e

26. A. b) *Um halb zwölf spielt sie* Tischtennis. – *Ich gehe* morgens spazieren. **c)** Um halb eins schwimmt sie. – Man kann hier nicht schwimmen. **d)** Um 13 Uhr ißt sie (sehr viel). – Ich esse hier sehr wenig, denn das Essen schmeckt nicht gut. **e)** Um 14 Uhr trifft sie Männer (und flirtet). – Man trifft keine Leute. **f)** Um 17 Uhr ist sie im Kino / . . . sieht sie einen Film. – Es gibt auch kein Kino. **g)** Um 23 Uhr tanzt sie. – Abends sehe ich meistens fern. **h)** Um ein Uhr (nachts) trinkt sie Sekt. – Ich gehe schon um neun Uhr schlafen.

B. Individuelle Lösung.

Lektion 5

1. b) wohnen + das Zimmer **c)** schreiben + der Tisch **d)** waschen + die Maschine **e)** fernsehen + der Apparat **f)** das Waschbecken **g)** die Bratwurst **h)** die Steckdose **i)** der Kleiderschrank **j)** der Fußball **k)** die Hausfrau **l)** die Taschenlampe **m)** der Taschenrechner

2. b) Das Waschmittel ist nicht für die Waschmaschine, sondern für den Geschirrspüler. **c)** Der Spiegel ist nicht für das Bad, sondern für die Garderobe. **d)** Das Radio ist nicht für das Wohnzimmer, sondern für die Küche. **e)** Die Stühle sind nicht für die Küche, sondern für den Balkon. **f)** Der Topf ist nicht für die Mikrowelle, sondern für den Elektroherd. **g)** Die Batterien sind nicht für die Taschenlampe, sondern für das Radio.

3. a) Teppich **b)** Spiegel **c)** Fenster **d)** Lampe **e)** zufrieden **f)** fernsehen

4. a) ○ *Gibt es hier eine Post?*
　　□ *Nein, hier gibt es keine.*
　　○ *Wo gibt es denn eine?*
　　□ *Das weiß ich nicht.*

b) ○ *Gibt es hier eine Bibliothek?*
　　□ *Nein, hier gibt es keine.*
　　○ *Wo gibt es denn eine?*
　　□ *Das weiß ich nicht.*

c) ○ Gibt es hier ein Café?
　　□ Nein, hier gibt es keins.
　　○ Wo gibt es denn eins?
　　□ Das weiß ich nicht.

d) ○ Gibt es hier ein Telefon?
　　□ Nein, hier gibt es keins.
　　○ Wo gibt es denn eins?
　　□ Das weiß ich nicht.

e) ○ Gibt es hier einen Automechaniker?
　　□ Nein, hier gibt es keinen.
　　○ Wo gibt es denn einen?
　　□ Das weiß ich nicht.

f) ○ Gibt es hier eine Bäckerei?
　　□ Nein, hier gibt es keine.
　　○ Wo gibt es denn eine?
　　□ Das weiß ich nicht.

g) ○ Gibt es hier einen Gasthof?
　　□ Nein, hier gibt es keinen.
　　○ Wo gibt es denn einen?
　　□ Das weiß ich nicht.

h) ○ Gibt es hier einen Supermarkt?
　　□ Nein, hier gibt es keinen.
　　○ Wo gibt es denn einen?
　　□ Das weiß ich nicht.

5. a) ○ *Ich brauche noch Äpfel. Haben* wir noch welche? □ *Nein,* es sind keine mehr da.
b) ○ *Ich möchte noch Soße. Haben* wir noch welche? □ *Nein,* es ist keine mehr da.
c) ○ Ich brauche noch Zitronen. Haben wir noch welche? □ Nein, es sind keine mehr da.
d) ○ Ich möchte noch Eis. Haben wir noch welches? □ Nein, es ist keins mehr da.
e) ○ Ich möchte noch Saft. Haben wir noch welchen? □ Nein, es ist keiner mehr da.
f) ○ Ich brauche (möchte) noch Tomaten. Haben wir noch welche? □ Nein, es sind keine mehr da.
g) ○ Ich möchte (brauche) noch Kartoffeln. Haben wir noch welche? □ Nein, es sind keine mehr da.
h) ○ Ich möchte noch Gemüse. Haben wir noch welches? □ Nein, es ist keins mehr da.
i) ○ Ich möchte noch Fleisch. Haben wir noch welches? □ Nein, es ist keins mehr da.
j) ○ Ich möchte noch Tee. Haben wir noch welchen? □ Nein, es ist keiner mehr da.
k) ○ Ich möchte noch Marmelade. Haben wir noch welche? □ Nein, es ist keine mehr da.
l) ○ Ich möchte noch Früchte. Haben wir noch welche? □ Nein, es sind keine mehr da.
m) ○ Ich brauche noch Gewürze. Haben wir noch welche? □ Nein, es sind keine mehr da.

n) ○ Ich brauche noch Öl. Haben wir noch welches? ☐ Nein, es ist keins mehr da.
o) ○ Ich möchte noch Salat. Haben wir noch welchen? ☐ Nein, es ist keiner mehr da.
p) ○ Ich möchte noch Suppe. Haben wir noch welche? ☐ Nein, es ist keine mehr da.
q) ○ Ich möchte noch Obst. Haben wir noch welches? ☐ Nein, es ist keins mehr da.

6. **a)** Eine · eine **b)** Eine · keine **c)** – · keine **d)** – · welches **e)** – · keinen **f)** – · welchen **g)** – · welche
h) Ein · keins

7.

ein Herd:	*einer*	einen
kein Herd:	*keiner*	keinen
Wein:	*welcher*	welchen
eine Lampe:	eine	eine
keine Lampe:	keine	*keine*
Butter:	welche	welche

ein Bett:	*eins*	eins
kein Bett:	keins	keins
Öl:	welches	*welches*
Eier:	welche	welche
keine Eier:	keine	keine

8. **a)** ○ *Sind die Sessel neu?*
☐ *Nein, die* sind alt.
○ Und die Stühle?
☐ Die sind neu.
b) ○ Ist das Regal neu?
☐ Nein, das ist alt.
○ Und der Schrank?
☐ Der ist neu.
c) ○ Ist die Waschmaschine neu?
☐ Nein, die ist alt.
○ Und der Kühlschrank?
☐ Der ist neu.
d) ○ Ist der Schreibtisch neu?
☐ Nein, der ist alt.

○ Und der Stuhl?
☐ Der ist neu.
e) ○ Ist die Garderobe neu?
☐ Nein, die ist alt.
○ Und der Spiegel?
☐ Der ist neu.
f) ○ Ist die Kommode neu?
☐ Nein, die ist alt.
○ Und die Regale?
☐ Die sind neu.
g) ○ Ist das Bett neu?
☐ Nein, das ist alt.
○ Und die Lampen?
☐ Die sind neu.

9. **a)** *Das* **b)** Den **c)** Das **d)** Die **e)** Die **f)** Das **g)** Die **h)** Die **i)** Das **j)** Den **k)** Den **l)** Das
m) Dic

10. **a)** *Der*, die, das, die
b) den, die, das, die

11. ○ *Du, ich habe jetzt eine Wohnung.*
☐ *Toll! Wie* ist sie denn?
○ Sehr schön. Ziemlich groß und nicht zu teuer.
☐ Und wie viele Zimmer hat sie?
○ Zwei Zimmer, eine Küche und ein Bad.
☐ Hast du auch schon Möbel?
○ Ja, ich habe schon viele Sachen.
☐ Ich habe noch einen Küchentisch. Den
kannst du haben.
○ Phantastisch! Den nehme ich gern.

12.
(Rottweil), den . . . 19 . . .
Liebe(r) . . .,
ich habe jetzt eine Wohnung in Rottweil. *Sie hat* drei Zimmer, eine Küche und ein Bad. *Sie ist* hell und schön,
aber klein und ziemlich teuer. *Ich habe* schon einen Herd, *aber ich brauche noch* einen Schrank für die
Garderobe. Hast Du einen? Oder hast du vielleicht eine Lampe? Schreib bitte bald!
Viele liebe Grüße . . .
(Andere Lösungen sind möglich.)

13. **a)** *Adresse* **b)** Wohnung (Haus) **c)** Haus **d)** Zeit **e)** Familie

14. **a)** bauen **b)** kontrollieren **c)** suchen **d)** verdienen **e)** anrufen **f)** werden

15. **b)** Eigentlich möchte Veronika / Veronika möchte eigentlich einen Freund anrufen, aber ihr Telefon ist kaputt.   **c)** Eigentlich möchte Veronika / Veronika möchte eigentlich ein Haus kaufen, aber sie findet keins.   **d)** Eigentlich möchte Veronika / Veronika möchte eigentlich nicht einkaufen gehen, aber ihr Kühlschrank ist leer.   **e)** Eigentlich möchte Veronika / Veronika möchte eigentlich nicht umziehen, aber ihre Wohnung ist zu klein.

16. **a)** unter   **b)** etwa (über, unter)   **c)** von · bis   **d)** Unter   **e)** zwischen   **f)** etwa   **g)** Über

17.

	Vorfeld	*Verb₁*	*Subj.*	*Angabe*	*Ergänzung*	*Verb₂*
a)	*Sie*	*möchten*		gern		bauen.
b)	Sie	möchten		gern	ein Haus	bauen.
c)	Sie	möchten		gern in Frankfurt	ein Haus	bauen.
d)	In Frankfurt	möchten	sie	gern	ein Haus	bauen.
e)	Eigentlich	möchten	sie	gern in Frankfurt	ein Haus	bauen.
f)	Warum	bauen	sie	nicht in Frankfurt	ein Haus?	

18. **a)** A, C   **b)** B, C   **c)** A, B   **d)** B   **e)** A, B   **f)** A, C   **g)** A   **h)** A

19. **A.** *Familie Höpke* wohnt in *Steinheim. Ihre Wohnung* hat *nur drei Zimmer. Das ist zu* wenig, *denn die* Kinder *möchten beide ein* Zimmer. *Die Wohnung ist nicht* schlecht *und auch* nicht (sehr) *teuer. Aber Herr Höpke* arbeitet *in Frankfurt. Er muß morgens und* abends *immer über eine* Stunde *fahren. Herr Höpke* möchte *in Frankfurt wohnen, aber dort* sind *die* Wohnungen *zu teuer. So viel Geld kann er für die Miete nicht* bezahlen. *Aber Höpkes* suchen *weiter.* Vielleicht *haben sie ja Glück.*
    B. Individuelle Lösung.

20. **1** *das Dach*   **2** der erste Stock   **3** das Erdgeschoß   **4** der Keller   **5** die Garage   **6** der Garten   **7** die Terrasse   **8** der Balkon   **9** der Hof   **10** die Wand   **11** der Aufzug   **12** die Heizung   **13** das Fenster

21. **a)** haben   **b)** machen   **c)** machen   **d)** haben   **e)** haben   **f)** haben / machen   **g)** haben / machen   **h)** haben

22. **a)** *Erlaubnis*   **b)** Dach   **c)** Minuten   **d)** Hochhaus · Appartement   **e)** Hof   **f)** Streit   **g)** Vermieter   **h)** Nachbarn   **i)** Vögel   **j)** Wände   **k)** Platz   **l)** Komfort   **m)** Miete   **n)** Krach · Lärm

23. **a)** in der · auf der   **b)** in seinem · am   **c)** in der · auf seinem   **d)** in der · in ihrem · auf ihrer   **e)** auf dem · am   **f)** in einem   **g)** auf dem   **h)** am

24. **a)** C   **b)** C   **c)** A   **d)** A   **e)** B   **f)** B   **g)** C   **h)** B   **i)** B   **j)** A

25. ○ Sie können *doch jetzt nicht mehr feiern!*
    □ *Und warum nicht? Ich muß morgen nicht arbeiten und* kann *lange schlafen.*
    ○ *Aber es ist 22 Uhr. Wir* möchten *schlafen, wir* müssen *um sechs Uhr aufstehen.*
    □ *Und wann* darf / kann *ich dann feiern? Vielleicht mittags um zwölf? Da hat doch niemand Zeit, da* kann *doch niemand kommen.*
    ○ *Das ist Ihr Problem. Jetzt* müssen *Sie leise sein, sonst holen wir die Polizei.*

26. **A** 8   **B** 4   **C** 7   **D** 6   **E** 1 (8)   **F** 2   **G** 5   **H** 3

27. **a)** Natur   **b)** Industrie   **c)** Urlaub   **d)** Hotel

28. **b)** *Hotel laut, nicht* sauber, kein Komfort. *Zimmer* häßlich und teuer, Essen nicht so gut. Diskothek und Hallenbad geschlossen. Nur spazierengehen: nicht schön, ziemlich viele Autos, keine Erholung.
    c) *Liebe Margret,*
    viele Grüße von der Insel Rügen. Ich bin jetzt schon zwei Wochen hier, *und der Urlaub ist phantastisch. Das Hotel* ist ruhig und sauber, und wir haben viel Komfort. Die Zimmer sind schön und nicht sehr teuer, und das Essen schmeckt wirklich herrlich. Das Hallenbad ist immer geöffnet, und die Diskothek jeden Abend.
    Ich kann hier auch spazierengehen, und das ist sehr schön, denn hier fahren nur wenig Autos, und die stören nicht.
    Am Dienstag bin ich wieder zu Hause.
    Viele Grüße, Hanne
    (Andere Lösungen sind möglich.)

Schlüssel

Lektion 6

1. a) Bein **b)** Zahn **c)** Fuß **d)** Ohr **e)** Bauch **f)** Hand

2. 1: *seine Nase* **2:** sein Bauch **3:** *ihr Arm* **4:** ihr Gesicht **5:** ihr Auge **6:** sein Ohr **7:** sein Kopf **8:** sein Fuß **9:** sein Bein **10:** ihr Bein **11:** sein Hals **12:** ihr Mund **13:** ihre Nase **14:** sein Rücken **15:** sein Auge **16:** ihre Hand

3. a) die, Hände **b)** der, Arme **c)** die, Nasen **d)** der, Finger **e)** das, Gesichter **f)** der, Füße **g)** das, Augen **h)** der, Rücken **i)** das, Beine **j)** das, Ohren **k)** der, Köpfe **l)** der, Zähne

4. a) haben **b)** verstehen **c)** nehmen (brauchen) **d)** beantworten (verstehen) **e)** sein **f)** brauchen

5. b) Herr Kleimeyer ist nervös. Er darf nicht rauchen. Er muß Gymnastik machen. Er muß viel spazierengehen. **c)** Herr Kleimeyer hat Kopfschmerzen. Er darf nicht viel rauchen. Er muß spazierengehen. Er darf keinen Alkohol trinken. **d)** Herr Kleimeyer hat Magenschmerzen. Er muß Tee trinken. Er darf keinen Wein trinken. Er darf nicht fett essen. **e)** Herr Kleimeyer ist zu dick. Er muß viel Sport treiben. Er darf keine Schokolade essen. Er muß eine Diät machen. **f)** Herr Kleimeyer kann nicht schlafen. Er muß abends schwimmen gehen. Er darf abends nicht viel essen. Er darf keinen Kaffee trinken. **g)** Herr Kleimeyer hat ein Magengeschwür. Er darf nicht viel arbeiten. Er muß den Arzt fragen. Er muß vorsichtig leben.

6. a) muß · soll / darf · will / muß · möchte · darf
b) soll · möchte / will · soll · kann · soll · muß
c) kann · soll · muß
d) will · will · soll · möchte / will

7. b) müssen · ich soll viel Obst essen. **c)** dürfen · ich soll nicht Fußball spielen. **d)** müssen · ich soll Tabletten nehmen. **e)** dürfen · ich soll keinen Kuchen essen. **f)** dürfen · ich soll nicht so viel rauchen. **g)** müssen · ich soll oft schwimmen gehen. **h)** dürfen · ich soll keinen Wein trinken. **i)** dürfen · ich soll nicht fett essen.

8. b) Besuch doch eine Freundin!
c) Lade doch Freunde ein!
d) Geh doch spazieren!
e) Lies doch etwas!
f) Schlaf doch eine Stunde!
g) Räum doch das Kinderzimmer auf!
h) Schreib doch einen Brief!
i) Geh doch einkaufen!
j) Spül doch das Geschirr!
k) Bereite doch das Abendessen vor!
l) Sieh doch fern!
m) Sei doch endlich zufrieden!

9. a) neu **b)** ungefährlich **c)** unglücklich **d)** unbequem **e)** schlecht **f)** unmodern **g)** unvorsichtig **h)** unzufrieden **i)** schwer **j)** kalt **k)** ruhig **l)** sauer **m)** unehrlich **n)** krank (ungesund) **o)** dick **p)** gleich **q)** häßlich **r)** ungünstig **s)** unwichtig **t)** leise **u)** klein **v)** hell **w)** geschlossen **x)** zusammen

10. a) *Um halb neun ist* sie aufgestanden. **b)** *Dann* hat sie gefrühstückt. **c)** *Danach* hat sie ein Buch gelesen. **d)** *Sie hat* Tennis gespielt **e)** *und* Radio gehört. **f)** *Um ein Uhr* hat sie zu Mittag gegessen. **g)** *Von drei bis vier Uhr* hat sie geschlafen. **h)** *Dann* ist sie schwimmen gegangen. / ... hat / ist sie geschwommen. **i)** *Um fünf Uhr* hat sie Kaffee getrunken. **j)** *Danach* hat sie ferngesehen. **k)** *Um sechs Uhr* hat sie zu Abend gegessen. **l)** *Abends* hat sie getanzt.

11. *anfangen*, anrufen, antworten, arbeiten, aufhören, aufmachen, aufräumen, aufstehen, ausgeben, aussehen
baden, bauen, beantworten, bedeuten, bekommen, beschreiben, bestellen, besuchen, bezahlen, bleiben, brauchen, bringen
diskutieren, duschen
einkaufen, einladen, einschlafen, entscheiden, erzählen, essen
fahren, feiern, fernsehen, finden, fotografieren, fragen, frühstücken, funktionieren
geben, gehen, glauben, gucken
haben, heißen, helfen, herstellen, holen, hören
informieren
kaufen, kennen, klingeln, kochen, kommen, kontrollieren, korrigieren, kosten
leben, leihen, lernen, lesen, liegen
machen, meinen, messen, mitbringen
nehmen
passen, passieren
rauchen
sagen, schauen, schlafen, schmecken, schneiden, schreiben, schwimmen, sehen, sein, spazierengehen, spielen, sprechen, spülen, stattfinden, stehen, stimmen, stören, studieren, suchen
tanzen, telefonieren, treffen, trinken, tun
umziehen
verbieten, verdienen, vergessen, vergleichen, verkaufen, verstehen, vorbereiten, vorhaben
warten, waschen, weitersuchen, wissen, wohnen
zeichnen, zuhören

12. Individuelle Lösung.

13. **a)** C   **b)** B   **c)** B   **d)** D   **e)** C   **f)** C   **g)** A   **h)** D

14. **a)** unbedingt   **b)** plötzlich   **c)** bloß/nur   **d)** bloß/nur   **e)** zuviel · höchstens   **f)** Wie oft · häufig
g) bestimmt   **h)** ein bißchen   **i)** unbedingt   **j)** höchstens · bloß · nur   **k)** wirklich

15. **b)** Hört doch Musik!
c) Besucht doch Freunde!
d) Ladet doch Freunde ein!
e) Spielt doch Fußball!
f) Geht doch einkaufen!
g) Arbeitet doch für die Schule!
h) Seht doch fern!
i) Räumt doch ein bißchen auf!
j) Lest doch ein Buch!
k) Geht doch spazieren!
l) Macht doch Musik!
m) Seid doch endlich zufrieden!

16.

	du	ihr	Sie
kommen	komm	*kommt*	kommen Sie
geben	gib	gebt	geben Sie
essen	iß	eßt	essen Sie
lesen	lies	lest	lesen Sie
nehmen	nimm	nehmt	nehmen Sie
sprechen	sprich	sprecht	*sprechen Sie*
vergessen	vergiß	vergeßt	vergessen Sie
einkaufen	kauf... ein	kauft... ein	kaufen Sie... ein
(ruhig) sein	sei	seid	seien Sie

Schlüssel

17.

	Vorfeld	Verb₁	Subj.	Angabe	Ergänzung	Verb₂
a)		*Nehmen*	*Sie*	*abends*	*ein Bad!*	
b)	Ich	soll		abends	ein Bad	nehmen.
c)	Sibylle	hat		abends	ein Bad	genommen.
d)		Trink		nicht	so viel Kaffee!	

18. Individuelle Lösung.

Lektion 7

1. a) schreiben   **b)** trinken   **c)** waschen   **d)** machen   **e)** kochen   **f)** lernen   **g)** fahren   **h)** gehen
   i) treffen   **j)** einkaufen

2. a) *Am Morgen hat sie lange geschlafen und dann* geduscht. *Am Mittag hat sie* das Essen gekocht. *Am Nachmittag* hat sie Briefe geschrieben und Radio gehört. *Am* Abend hat sie das Abendessen gemacht und die Kinder ins Bett gebracht.
   b) Am Morgen hat er mit den Kindern gefrühstückt. Dann hat er das Auto gewaschen. Am Mittag hat er das Geschirr gespült. Am Nachmittag hat er im Garten gearbeitet und mit dem Nachbarn gesprochen. Am Abend hat er einen Film im Fernsehen gesehen. Um halb elf ist er ins Bett gegangen.
   c) Am Morgen haben sie im Kinderzimmer gespielt und Bilder gemalt. Am Mittag um halb eins haben sie gegessen. Am Nachmittag haben sie Freunde getroffen. Dann sind sie zu Oma und Opa gefahren. Am Abend haben sie gebadet. Dann haben sie im Bett gelesen.

3. a) *hat gehört*, gebadet, gearbeitet, gebaut, geduscht, gefeiert, gefragt, gefrühstückt, geheiratet, geholt, gekauft, gekocht, gelebt, gelernt, gemacht, gepackt, geraucht, geschmeckt, gespült, gespielt, getanzt, gewartet, geweint, gewohnt
   b) *hat getroffen*, gesehen, gestanden, getrunken, gefunden, gegeben, gelesen, gemessen, geschlafen, geschrieben, gewaschen, geschwommen
   ist geschwommen, geblieben, gegangen, (gestanden), gefahren, gekommen, gewesen, gefallen

4. a) 7.30: *gekommen*, 7.32: gekauft, 7.34: gewartet, gelesen, 7.50: gefahren, 8.05: geparkt, 8.10: gegangen, getrunken, 8.20: gesprochen, bis 9.02: gewesen, bis 9.30: spazierengegangen, 9.30: eingekauft, 9.40: gebracht, 9.45: angerufen
   b) *Um 7.30 Uhr ist Herr A. aus dem Haus gekommen. Er hat an einem Kiosk eine Zeitung gekauft. Dann* hat er im Auto gewartet und Zeitung gelesen. *Um 7.50 Uhr ist A.* zum City-Parkplatz gefahren. Dort hat er um 8.05 Uhr geparkt. Um 8.10 Uhr ist er in ein Café gegangen und hat einen Kaffee getrunken. Um 8.20 Uhr hat er mit einer Frau gesprochen. Er ist bis 9.02 Uhr im Café geblieben. Bis 9.30 Uhr ist er dann im Stadtpark spazierengegangen. Dann hat er im HL-Supermarkt Lebensmittel eingekauft. Um 9.40 Uhr hat er die Lebensmittel zum Auto gebracht. Um 9.45 Uhr hat A. in einer Telefonzelle jemanden angerufen.

5. a) -ge—(e)t   *zugehört*, mitgebracht, aufgemacht, aufgeräumt, hergestellt, kennengelernt, weitergesucht
   ge—t   *gehört*, geglaubt, geantwortet, geklingelt, gesucht, gewußt
   —(e)t   *verkauft*, überlegt, vorbereitet
   b) -ge—en   (hat...) *ferngesehen*, angerufen, stattgefunden
   (ist...) *aufgestanden*, spazierengegangen, umgezogen, eingeschlafen, weggefahren
   ge—en   (hat...) *gesehen*, geliehen, gefallen
   (ist...) *geblieben*, gekommen, gefallen

6. a) hatte   **b)** wart – waren · hatten   **c)** hatte – war   **d)** hatten · waren   **e)** Hattet (Habt)   **f)** Hattest · warst – hatte · war   **g)** Hatten – war

7. *sein:* war, warst, war, waren, wart, waren
   haben: hatte, hattest, hatte, hatten, hattet, hatten

8. a) wegfahren **b)** Pech **c)** Chef **d)** mitnehmen **e)** Sache **f)** auch **g)** gewinnen **h)** grüßen **i)** verabredet sein **j)** fallen

9. a) fotografiert **b)** bestellt **c)** verkauft **d)** bekommen **e)** besucht · operiert **f)** gesagt · verstanden **g)** bezahlt · vergessen **h)** erzählt

10. a) Tu den Pullover bitte in die Kommode! **b)** Tu die Bücher bitte ins Regal! **c)** Bring das Geschirr bitte in die Küche! **d)** Bring den Fußball bitte ins Kinderzimmer! **e)** Tu das Geschirr bitte in die Spülmaschine! **f)** Bring die Flaschen bitte in den Keller! **g)** Tu den Film bitte in die Kamera! **h)** Tu das Papier bitte in / auf den Schreibtisch! **i)** Tu die Butter bitte in den Kühlschrank! **j)** Tu die Wäsche bitte in die Waschmaschine! **k)** Bring das Kissen bitte ins Wohnzimmer!

11. a) *Im Schrank.* **b)** Im Garten. **c)** In der Kommode. **d)** Im Regal. **e)** Im Schreibtisch. **f)** Im Flur. **g)** Im Keller.

12. a) in der · im · im **b)** in der · im · im **c)** in die · ins · in die **d)** im · im · in der **e)** in der · im · im **f)** in der · im · im **g)** in die · in die · ins **h)** in der · im · im **i)** ins · in den · in die **j)** in den · in die · ins

13. a) putzen **b)** ausmachen (ausschalten) **c)** Schuhe / Strümpfe **d)** Schule **e)** gießen **f)** vermieten **g)** wecken **h)** anstellen / anmachen / einschalten **i)** Telefon **j)** schlecht

14. a) ihn **b)** ihn **c)** sie **d)** sie **e)** es **f)** sie **g)** sie · sie

15. b) Vergiß bitte die Küche nicht! Du mußt sie jeden Abend aufräumen.
c) Vergiß bitte den Hund nicht! Du muß ihn jeden Morgen füttern.
d) Vergiß bitte die Blumen nicht! Du mußt sie jede Woche gießen.
e) Vergiß bitte den Brief von Frau Berger nicht! Du mußt ihn unbedingt beantworten.
f) Vergiß bitte das Geschirr nicht! Du mußt es jeden Abend spülen.
g) Vergiß bitte die Hausaufgaben nicht! Du mußt sie unbedingt kontrollieren.
h) Vergiß bitte meinen Pullover nicht! Du mußt ihn heute noch waschen.
i) Vergiß bitte meinen Krankenschein nicht! Du mußt ihn zu Dr. Simon bringen.
j) Vergiß bitte den Fernsehapparat nicht! Du mußt ihn abends abstellen.

16. ○ Hast · gewaschen □ habe · gepackt – Hast · geholt ○ habe · gekauft – aufgeräumt – hast · gemacht □ habe · gebracht – bin · gegangen – habe · gekauft – Hast · gesprochen ○ habe · hingebracht – Hast · geholt □ habe · vergessen

17. a) aufwachen **b)** weg sein **c)** sitzen **d)** zurückkommen **e)** rufen **f)** parken **g)** anstellen **h)** abholen **i)** weggehen **j)** aufhören **k)** weiterfahren **l)** suchen **m)** aussteigen

18. a) 1. jetzt 2. sofort 3. gleich 4. bald 5. später
b) 1. gegen elf Uhr 2. um elf Uhr 3. nach elf Uhr
c) 1. gestern früh 2. gestern abend 3. heute morgen 4. heute mittag 5. morgen früh 6. morgen nachmittag 7. morgen abend
d) 1. zuerst 2. dann 3. danach 4. später
e) 1. immer 2. oft 3. manchmal 4. nie
f) 1. alles 2. viel 3. etwas 4. ein bißchen

19. a) noch nicht · erst **b)** nicht mehr **c)** erst **d)** noch **e)** schon **f)** noch **g)** erst · schon (schon · noch nicht) **h)** nicht mehr **i)** nicht mehr

20. a) Herzliche Grüße, Hallo Bernd, Lieber Christian, Liebe Grüße, Sehr geehrte Frau Wenzel, Lieber Herr Heick
b) Hallo Bernd, Guten Tag, Auf Wiedersehen, Guten Abend, Guten Morgen, Tschüß

Schlüssel

Lektion 8

1. **b)** *Paul repariert die* Dusche nicht selbst. *Er läßt* die Dusche reparieren.
   c) Er läßt das Auto in die Garage fahren.
   d) Ich mache den Kaffee nicht selbst. Ich lasse den Kaffee machen.
   e) Er beantwortet den Brief nicht selbst. Er läßt den Brief beantworten.
   f) Ihr holt den Koffer nicht selbst am Bahnhof ab. Ihr laßt den Koffer abholen.
   g) Sie waschen / wäscht die Wäsche nicht selbst. Sie lassen / läßt die Wäsche waschen.
   h) Ich mache die Hausarbeiten nicht selbst. Ich lasse die Hausarbeiten machen.
   i) Paula putzt die Wohnung nicht selbst. Sie läßt die Wohnung putzen.
   j) Du räumst den Schreibtisch nicht selbst auf. Du läßt den Schreibtisch aufräumen.
   k) Ich bestelle das Essen und die Getränke nicht selbst. Ich lasse das Essen und die Getränke bestellen.
   l) Paul und Paula machen das Frühstück nicht selbst. Sie lassen das Frühstück machen.

2. **b)** in die VW-Werkstatt   **c)** in die Sprachschule Berger   **d)** auf die Post   **e)** auf den Bahnhof   **f)** ins Ufa-Kino   **g)** in die Tourist-Information   **h)** ins Parkcafé   **i)** ins Schwimmbad   **j)** in die Metzgerei Koch / in den Supermarkt König   **k)** in den Supermarkt König   **l)** in die Bibliothek

3. **b)** *Um neun Uhr war er* auf der Bank.   **c)** Um halb zehn war er auf dem Bahnhof.   **d)** Um zehn Uhr war er in der Bibliothek.   **e)** Um halb elf war er im Supermarkt.   **f)** Um elf Uhr war er in der Reinigung.   **g)** Um halb zwölf war er in der Apotheke.   **h)** Um zwölf Uhr war er in der Metzgerei.   **i)** Um halb drei war er im Reisebüro.   **j)** Um drei Uhr war er auf der Post.   **k)** Um vier Uhr war er in der Telefonzelle.   **l)** Um halb fünf war er wieder zu Hause.

4. **b)** *Um neun war ich* auf der Bank.   **c)** *Um halb zehn* war ich auf dem Bahnhof.   **d)** *Um* zehn Uhr war ich in der Bibliothek.   **e)** Um halb elf war ich im Supermarkt.   **f)** Um elf Uhr war ich in der Reinigung.   **g)** Um halb zwölf war ich in der Apotheke.   **h)** Um zwölf Uhr war ich in der Metzgerei.   **i)** Um halb drei war ich im Reisebüro.   **j)** Um drei Uhr war ich auf der Post.   **k)** Um vier Uhr war ich in der Telefonzelle.   **l)** Um halb fünf war ich wieder zu Hause.

5. **c)** ○ Wo kann man hier Kuchen essen?   □ Im Markt-Café. Das ist am Marktplatz.
   d) ○ Wo kann man hier Gemüse kaufen?   □ Im Supermarkt König. Der ist in der Obernstraße.
   e) ○ Wo kann man hier parken?   □ Auf dem City-Parkplatz. Der ist in der Schloßstraße.
   f) ○ Wo kann man hier übernachten?   □ Im Bahnhofshotel. Das ist in der Bahnhofstraße.
   g) ○ Wo kann man hier essen?   □ Im Schloß-Restaurant. Das ist an der Wapel.
   h) ○ Wo kann man hier einen Tee trinken?   □ Im Parkcafé. Das ist am Parksee.
   i) ○ Wo kann man hier schwimmen?   □ Im Schwimmbad. Das ist an der Bahnhofstraße.
   j) ○ Wo kann man hier Bücher leihen?   □ In der Bücherei. Die ist in der Kantstraße.

6. **c)** An der Volksbank rechts bis zur Telefonzelle.   **d)** Am Restaurant links bis zum Maxplatz.   **e)** An der Diskothek links bis zu den Parkplätzen.   **f)** Am Stadtcafé rechts bis zur Haltestelle.   **g)** An der Buchhandlung links bis zum Rathaus.   **h)** An der Telefonzelle rechts in die Berner Straße.   **i)** Am Fotostudio rechts in den Lindenweg.   **j)** Am Stadtpark geradeaus bis zu den Spielwiesen.

7. **c)** Neben dem · ein   **d)** Das · neben einem   **e)** Das · an der   **f)** Zwischen der · dem · ein · das   **g)** Neben dem · das   **h)** Die · in der · neben dem   **i)** Das · am   **j)** Der · zwischen dem · einem / dem

8. **a)** *Zuerst hier geradeaus bis zum* St.-Anna-Platz. *Dort an der* St.-Anna-Kirche *vorbei in die* Mannstraße. *Da ist dann rechts die* Volkshochschule.
   b) *Zuerst hier geradeaus bis zur* Berliner Straße, *dort rechts. Am* Stadtmuseum *vorbei und dann links in die* Münchner Straße. *Da sehen Sie dann links den* Baalweg, *und da an der Ecke liegt auch die* „Bücherecke".
   c) *Hier die* Hauptstraße *entlang bis zum* St.-Anna-Platz. *Dort bei der* Telefonzelle *rechts in die* Brechtstraße. *Gehen Sie die* Brechtstraße *entlang bis zur* Münchner Straße. *Dort sehen Sie dann die* Videothek. *Sie liegt direkt neben dem* Hotel Rose.
   d) bis g): Individuelle Lösungen.

9. **a)** *zum · zum · am / beim · am · zur · an / bei der · zur · neben dem*
   b) *zur · über die · an der · an der · zur ·* Dort bei der Diskothek gehen Sie links in die Obernstraße bis zum Supermarkt. Die Stadtbücherei ist beim Supermarkt, in der Kantstraße.

c) Gehen Sie hier die Bahnhofstraße geradeaus bis zur Tourist-Information. Dort rechts in die Hauptstraße bis zur Schillerstraße. Da wieder rechts in die Schillerstraße und zum Marktplatz. Das Hotel Lamm liegt hinter dem Stadttheater, in der Kantstraße.

10. *Pünktlich um 14 Uhr hat uns Herr Leutze begrüßt. Zuerst hat er uns etwas* über das alte Berlin erzählt. Danach sind wir zum Kurfürstendamm gefahren. Da kann man die Gedächtniskirche sehen. Sie ist eine Ruine und soll an den Krieg erinnern.
Dann sind wir zum ICC gefahren. Dort haben wir Pause gemacht. Nach einer Stunde sind wir weitergefahren. Dann haben wir endlich die Berliner Mauer gesehen. Bis 1989 hat die Mauer Berlin und Deutschland in zwei Teile geteilt. Sie war 46 km lang.
Dann sind wir nach Ostberlin gefahren. Wir haben die Staatsbibliothek, den Dom und die Humboldt-Universität gesehen. Dann war die Rundfahrt leider schon zu Ende.

11. a) vor dem Radio **b)** zwischen den Büchern **c)** auf dem Schrank **d)** hinter dem Schrank **e)** neben der Schreibmaschine **f)** unter der Zeitung **g)** hinter der Vase **h)** auf dem Bett / im Bett **i)** auf der Nase

12. a) *Familie Meier* **b)** Kasper (der Hund) **c)** Familie Reiter **d)** Familie Hansen **e)** Emmily (die Katze) **f)** Familie Berger **g)** Familie Müller **h)** Familie Schmidt **i)** Familie Schulz

13. *Vor der Tür* liegen Kassetten. Neben der Toilette ist eine Milchflasche. Unter dem Tisch liegt ein Kugelschreiber. Auf dem Stuhl liegt ein Brot. Auf der Vase liegt ein Buch. Auf dem Schrank liegt Käse. Im Waschbecken liegen Schallplatten. Im (auf dem) Bett liegt ein Aschenbecher. In der Dusche sind Weingläser. Unter dem Bett liegt ein Feuerzeug. Vor dem Kühlschrank liegt eine Kamera. Unter dem Stuhl sind Zigaretten. Hinter dem Schrank ist ein Bild. Auf dem Regal steht eine Flasche. Auf der Couch ist ein Teller. Neben dem Bett ist eine Dusche. Neben der Couch ist eine Toilette. Vor dem Bett steht ein Kühlschrank.

14. a) *auf den Tisch* **b)** neben die Couch **c)** vor die Couch **d)** hinter den Sessel **e)** neben den Schrank **f)** zwischen den Sessel und die Couch **g)** neben das Waschbecken

15. *Dativ:* dem · (dem) im · der · den
Akkusativ: den · (das) ins · die · die

16. (a) zwischen **(b)** in **(c)** auf **(d)** nach **(e)** Mit **(f)** in **(g)** in **(h)** aus **(i)** auf **(j)** Aus **(k)** zum **(l)** zu **(m)** in **(n)** mit **(o)** in **(p)** auf **(q)** nach **(r)** nach **(s)** zum **(t)** zur **(u)** an

17. a) Menschen **b)** Autobahn **c)** Haushalt **d)** Bahn **e)** Museen **f)** Verbindung **g)** Nummer **h)** Aufzug **i)** Wiesen

18. a) *vom* **b)** am **c)** *im* **d)** in der **e)** am **f)** auf der **g)** nach **h)** auf der **i)** ins **j)** neben der **k)** nach **l)** vor dem **m)** auf dem **n)** hinter dem **o)** in der **p)** in den **q)** unter dem **r)** in der **s)** von zu **t)** zwischen der · dem

19.

	Vorfeld	Verb$_1$	Subj.	Ergänzung	Angabe	Ergänzung	Verb$_2$
a)	Berlin	liegt				an der Spree.	
b)	Wie	kommt	man		schnell	nach Berlin?	
c)	Nach Berlin	kann	man		auch mit dem Zug		fahren.
d)	Wir	treffen		uns	um zehn	an der Gedächtnis-kirche.	
e)	Der Fernseh-turm	steht				am Alexanderplatz.	
f)	Er	hat		das Bett	wirklich	in den Flur	gestellt.
g)	Du	kannst		den Mantel	ruhig	auf den Stuhl	legen.
h)	Zum Schluß	hat	er	die Sätze		an die Wand	geschrieben.
i)	Der Bär	sitzt				unter dem Funkturm.	

Schlüssel

20. a) Bahnfahrt, Eisenbahn, Intercity, Bahnhof, umsteigen, Zugverbindungen
   b) Autobahn, Autofahrt, Parkplatz, Raststätte
   c) Flughafen, Maschine

21. A. (a) in **(b)** in **(c)** nach **(d)** Ins **(e)** in der **(f)** in den **(g)** im **(h)** im **(i)** auf der **(j)** ins **(k)** ins **(l)** in
   (m) In **(n)** auf **(o)** im **(p)** nach **(q)** an den **(r)** im **(s)** in der / an der **(t)** im **(u)** nach
   B. Individuelle Lösung.

Lektion 9

1. a) ~~Mikrowelle~~ – *Musik* **b)** Waschbecken – Haushaltsgeräte **c)** Halskette – Reise **d)** Geschirr spülen –
Sport, Freizeit **e)** Pause – Gesundheit **f)** Messer – Schmuck **g)** Elektroherd – Möbel **h)** Typisch – Sprachen **i)** Reiseleiter – Bücher **j)** Hähnchen – Tiere **k)** aufpassen – Haushalt

2. a) Pflanze **b)** Schlafsack **c)** Kette **d)** Wörterbuch **e)** Feuerzeug **f)** Fernsehfilm **g)** Schallplatten
   h) Geschirrspüler **i)** Blumen **j)** Reiseführer

3. b) Er hat ihr das Auto geliehen. **c)** Er hat ihnen ein Haus gebaut. **d)** Er hat ihnen Geschichten erzählt.
   e) Er hat mir ein Fahrrad gekauft. **f)** Er hat dir Briefe geschrieben. **g)** Er hat uns Pakete geschickt.
   h) Er hat Ihnen den Weg gezeigt.

4. b)

Der Lehrer Er	erklärt	Yvonne der Frau / dem Mädchen ihr	den Dativ.
c) Der Vater Er	will	Elmar dem Jungen ihm	helfen.
d) Jochen Er	schenkt	Lisa der Freundin ihr	eine Halskette
e) Die Mutter Sie	kauft	Astrid dem Kind ihm	ein Fahrrad.

5. a) … *Ihr kann man ein Feuerzeug* schenken, *denn* sie raucht viel.
    Ihr kann man eine Reisetasche schenken, denn sie reist gern.
  b) *Ihm kann man* einen Fußball schenken, denn er spielt Fußball.
    Ihm kann man ein Kochbuch schenken, denn er kocht gern.
    Ihm kann man eine Kamera schenken, denn er ist Hobby-Fotograf.
  c) *Ihr kann man* Briefpapier schenken, denn sie schreibt gern Briefe.
    Ihr kann man ein Wörterbuch schenken, denn sie lernt Spanisch.
    Ihr kann man eine Skibrille schenken, denn sie fährt gern Ski.

6. b) *wann?* morgen   *was? Dienstjubiläum*   *bei wem?* bei Ewald

    1 Zigaretten · *raucht gern – das* ist zu unpersönlich
    2 *Kochbuch* · kocht gern – *hat schon* so viele
    3 Kaffeemaschine · *seine* ist kaputt – *Idee ist* gut

    Morgen feiert Ewald sein Dienstjubiläum. Die Gäste möchten ein Geschenk mitbringen. *Der Mann will*
    ihm Zigaretten schenken, denn Ewald raucht gern. Aber das ist zu unpersönlich. Ein Kochbuch können
    die Gäste auch nicht mitbringen, denn Ewald hat schon so viele. Aber seine Kaffeemaschine ist kaputt.
    Deshalb schenken die Gäste ihm eine Kafffeemaschine.

7. Bild 2: ich **Bild 3:** ich **Bild 4:** ihr · sie · ich **Bild 6:** Sie · ihn/den · Sie **Bild 7:** Ich **Bild 8:** Ich · du · ihn

8. Individuelle Lösung.

9. **a)** *Bettina hat* ihre Prüfung bestanden. Das möchte sie mit Sonja, Dirk und ihren anderen Freunden feiern. Die Party ist am Samstag, 4. 5., um 20 Uhr. Sonja und Dirk sollen ihr bis Donnerstag antworten oder sie anrufen.

    b) *Herr und Frau Halster* sind 20 Jahre verheiratet. Das möchten sie mit Herrn und Frau Gohlke und ihren anderen Bekannten und Freunden feiern. Die Feier ist am Montag, 16. 6., um 19 Uhr. Herr und Frau Gohlke sollen ihnen bis Mittwoch antworten oder sie anrufen.

10.

Nom.	Dat.	Akk.		Nom.	Dat.	Akk.
ich	mir	mich		*wir*	uns	uns
du	dir	dich		*ihr*	euch	euch
Sie	Ihnen	Sie		*Sie*	Ihnen	Sie
er	ihm	*ihn*				
es	ihm	*es*		*sie*	ihnen	*sie*
sie	ihr	*sie*				

11. **a)** zufrieden **b)** gesund **c)** breit **d)** niedrig **e)** langsam **f)** kalt

12. **a)** groß **b)** nett **c)** schnell **d)** klein **e)** dick **f)** hoch

13.

klein	*kleiner*	*am kleinsten*		*lang*	*länger*	am längsten
billig	billiger	*am billigsten*		groß	*größer*	am größten
schnell	*schneller*	am schnellsten		schmal	schmaler	*am schmalsten*
neu	neuer	am neuesten		gut	besser	*am besten*
laut	*lauter*	am lautesten		*gern*	lieber	am liebsten
leicht	leichter	*am leichtesten*		viel	*mehr*	am meisten

14. **a)** kleiner **b)** schmaler **c)** breiter **d)** höher **e)** niedriger **f)** länger **g)** kürzer **h)** leichter **i)** schwerer **j)** schöner **k)** kaputt

15. **b)** Der Münchner Olympiaturm ist höher als der Big Ben in London. Am höchsten ist der Eiffelturm in Paris. **c)** Die Universität Straßburg ist älter als die Humboldt-Universität in Berlin. Am ältesten ist die Karls-Universität in Prag. **d)** Dresden ist größer als Münster. Am größten ist Berlin. **e)** Die Elbe ist länger als die Weser. Am längsten ist der Rhein. **f)** Boris spielt lieber Golf als Fußball. Am liebsten spielt er Tennis. **g)** Monique spricht besser Deutsch als George. Am besten spricht Nathalie. **h)** Linda schwimmt schneller als Paula. Am schnellsten schwimmt Yasmin. **i)** Thomas wohnt schöner als Bernd. Am schönsten wohnt Jochen.

16. **b)** ○ *Nimm doch* den Tisch da!
    □ *Der gefällt* mir ganz gut, aber ich finde ihn zu niedrig.
    ○ Dann nimm doch den da links, der ist höher.
    c) ○ Nimm doch den Teppich da!
    □ Der gefällt mir ganz gut, aber ich finde ihn zu breit.
    ○ Dann nimm doch den da links, der ist schmaler.
    d) ○ Nimm doch das Regal da!
    □ Das gefällt mir ganz gut, aber ich finde es zu groß.
    ○ Dann nimm doch das da links, das ist kleiner.
    e) ○ Nimm doch die Uhr da!
    □ Die gefällt mir ganz gut, aber ich finde sie zu teuer.
    ○ Dann nimm doch die da links, die ist billiger.
    f) ○ Nimm doch die Sessel da!
    □ Die gefallen mir ganz gut, aber ich finde sie zu unbequem.
    ○ Dann nimm doch die da links, die sind bequemer.
    g) ○ Nimm doch die Teller da!
    □ Die gefallen mir ganz gut, aber ich finde sie zu klein.
    ○ Dann nimm doch die da links, die sind größer.

17. (a) *Ihnen* (b) mir (c) welche/eine (d) eine (e) Die (f) Ihnen (g) Sie/Die (h) die/sie (i) sie/die (j) mir (k) die (l) Ihnen die/sie Ihnen (m) die/sie (n) mir (o) eine (p) Die (q) Die (r) sie/die

18. **a)** C **b)** B **c)** A **d)** A

Schlüssel

19. A. Musik hören: a), b), c), e), g), h), i)
Musik aufnehmen: b), g), h), i)
Nachrichten hören: a), b)
Nachrichten hören und sehen: e)
die Kinder filmen: f)
Videokassetten abspielen: g), h)
Filme aufnehmen: g), h)
fotografieren: d)
Filme ansehen: e), h)
Interviews aufnehmen: b), g), h)
Sprachkassetten abspielen: b), i)
fernsehen: e), h)

B. b) *Mit einem Radio kann man Nachrichten hören*, Musik und Interviews hören und aufnehmen und Sprachkassetten abspielen.
c) Mit einem CD-Player kann man Musik hören.
d) Mit einer Kamera kann man fotografieren.
e) Mit einem Fernsehgerät kann man (Musik hören), Nachrichten hören und sehen, Filme ansehen, fernsehen.
f) Mit einer Videokamera kann man die Kinder filmen, Videokassetten abspielen und Interviews aufnehmen.
g) Mit einem Videorekorder kann man (Musik hören und aufnehmen), Videokassetten abspielen, (Fernseh-)Filme und Interviews aufnehmen und Filme ansehen.
h) Mit einem Video-Walkman kann man (Musik hören und aufnehmen), Nachrichten hören und sehen, Fernsehfilme aufnehmen und ansehen, Videokassetten abspielen und fernsehen.
i) Mit einem Walkman kann man Musik hören (und aufnehmen) und Sprachkassetten abspielen.

20. b) Den Walkman hat er ihr auf der Messe erklärt.
c) Dort hat er ihr den Walkman erklärt.
d) Er hat ihr früher oft geholfen.
e) Seine Tante hat ihm deshalb später das Bauernhaus vererbt.
f) Das Bauernhaus hat sie ihm deshalb vererbt.
g) Die Großstadt hat ihm zuerst ein bißchen gefehlt.
h) Später hat sie ihm nicht mehr gefehlt.

	Vorfeld	*Verb$_1$*	*Subj.*	*Erg.*	*Angabe*	*Ergänzung*	*Verb$_2$*
a)	*Der Verkäufer*	*hat*		*ihr*	*auf der Messe*	*den Walkman*	*erklärt.*
b)	Den Walkman	hat	er	ihr	auf der Messe		erklärt.
c)	Dort	hat	er	ihr		den Walkman	erklärt.
d)	Er	hat		ihr	früher oft		geholfen.
e)	Seine Tante	hat		ihm	deshalb später	das Bauernhaus	vererbt.
f)	Das Bauernhaus	hat	sie	ihm	deshalb		vererbt.
g)	Die Großstadt	hat		ihm	zuerst ein bißchen		gefehlt.
h)	Später	hat	sie	ihm	nicht mehr		gefehlt.

Lektion 10

1. **a)** B **b)** B **c)** A **d)** C **e)** C **f)** A (B)

2. **a)** *Arzt*, Friseur, Bäcker, Schauspieler, Verkäufer, Lehrer, (Hausfrau), (Minister), (Politiker), Schriftsteller, Polizist, Maler (Soldat)
   b) *Student*, Theater, Passagier, Person, Deutscher, Bruder, Mann, Eltern Schweizer, Beamter, Doktor, Tante, Herr, Kollege, Schüler, Österreicher, Freund, Chef, Tourist, Junge, Nachbar, Sohn, (Soldat), Ausländer, Tochter

3. **a)** einen Brief, ein Lied, ein Buch, eine Insel, ein Land, ein Bild **b)** einen Brief, ein Lied, ein Buch **c)** ein Lied **d)** eine Maschine, ein Gerät **e)** ein Bild **f)** Fußball, ein Lied, Tennis

4. **b)** von neunzehnhundertelf bis neunzehnhunderteinundneunzig
   c) von achtzehnhundertneunundsiebzig bis neunzehnhundertfünfundfünfzig
   d) von achtzehnhundertfünfzehn bis neunzehnhundertfünf
   e) von siebzehnhundertsiebenundneunzig bis achtzehnhundertsechsundfünfzig
   f) von siebzehnhundertneunundfünfzig bis achtzehnhundertfünf
   g) von sechzehnhundertfünfundachtzig bis siebzehnhundertfünfzig
   h) von vierzehnhundertdreiundachtzig bis fünfzehnhundertsechsundvierzig
   i) von zwölfhundertsechzehn bis dreizehnhundertachtundzwanzig
   j) von elfhundertfünfundzwanzig bis elfhundertneunzig
   k) von siebenhundertzweiundvierzig bis achthundertvierzehn

5. Individuelle Lösung.

6. **b)** Sie ist Japanerin. Sie kommt aus Japan. Sie spricht Japanisch.
   c) Er ist Amerikaner. Er kommt aus USA (aus den USA, aus Amerika). Er spricht Englisch.
   d) Er ist Grieche. Er kommt aus Griechenland. Er spricht Griechisch.

7. **a)** Brasilien, *Brasilianerin*, Portugiesisch **b)** *Frankreich*, Französin, Französisch **c)** Indien, Indierin, *Hindi* **d)** *Japan*, Japaner, Japanisch **e)** Schweden, Schwede, *Schwedisch* **f)** Polen, *Pole*, Polnisch **g)** Neuseeland, Neuseeländer, *Englisch* **h)** *Deutschland*, Deutsche, Deutsch

8. **a)** und · aber **b)** aber **c)** Deshalb **d)** Trotzdem · aber **e)** Dann **f)** Deshalb · Dann **g)** oder **h)** sonst

9. **a)** erste **b)** zweite **c)** dritte **d)** vierte **e)** fünfte **f)** sechste **g)** siebte **h)** achte **i)** neunte **j)** zehnte **k)** elfte **l)** zwölfte **m)** dreizehnte **n)** vierzehnte

10. richtig: 3, 4, 6, 8

11. **a)** gehören **b)** raten **c)** gestorben sein **d)** wählen **e)** besichtigen **f)** bestehen **g)** geboren sein **h)** verbinden

12. **a)** mit einem Freund **b)** dem Freund ein Buch **c)** bei einem Freund **d)** zu einem Freund **e)** einem Freund **f)** für einen Freund **g)** einen Freund **h)** ein Freund

13. **A.** ja: c), f), h), j)
    B. ja: b), e), g), i)

14. **b)** der Lieder **c)** des Jahrhunderts **d)** der Stadt **e)** des Stadtparlaments **f)** des Orchesters **g)** des Landes **h)** der Firmen **i)** des Turms / des Turmes **j)** der Geschäfte

15. **b)** *von* seinem Vater **c)** von unserer Schule **d)** von ihrem Chef **e)** von deinem Kollegen **f)** von der Reinigung **g)** vom Rathaus **h)** von unseren Nachbarn **i)** *der Bibliothek* **j)** meines Vermieters **k)** des Gasthauses Schmidt **l)** eines Restaurants **m)** des Cafés Fischer **n)** unseres Arztes **o)** eurer Nachbarn **p)** des Nationalmuseums **q)** *Barbaras Telefonnummer* **r)** Werners Telefonnummer **s)** Hannes Telefonnummer **t)** Jürgens Telefonnummer **u)** Ulrikes Telefonnummer

16. **(a)** am **(b)** Bis **(c)** Von · bis **(d)** Nach dem **(e)** im **(f)** von · bis **(g)** In den / In diesen **(h)** Im **(i)** bis **(j)** nach der / nach dieser **(k)** seit **(l)** In der / In dieser / In seiner **(m)** seit der / seit seiner **(n)** bis **(o)** nach **(p)** In den **(q)** vor seinem **(r)** im

Schlüssel

17. a) Bodensee · Länder / Staaten   **b)** Österreich und die   **c)** Grenzen · Ländern / Staaten   **d)** ohne · von · in · fahren / gehen / reisen   **e)** des · die   **f)** Ufers · zur   **g)** Schweiz · Kilometer lang · länger   **h)** Von · bis · Schiffe · Fähren   **i)** Flüsse · Bäche   **j)** Er / Der See · lang · breit   **k)** Touristen an · machen   **l)** um · wandern / spazieren

18. a) Buch   **b)** Ausland   **c)** Meer   **d)** Schiff   **e)** Tasse   **f)** rund   **g)** Denkmal   **h)** Bad   **i)** Fahrrad   **j)** Natur   **k)** Hafen   **l)** Parlament   **m)** Klima   **n)** Museum   **o)** mit dem Fuß

19. a) Meistens   **b)** Natürlich   **c)** ganz   **d)** fast   **e)** Vor allem   **f)** Vielleicht   **g)** selten   **h)** etwas   **i)** oft   **j)** plötzlich   **k)** manchmal

20. a) nach   **b)** Im   **c)** an der · auf den   **d)** auf den · auf den / über den   **e)** um den   **f)** durch den (in den)   **g)** über die · auf die   **h)** durch den · in die   **i)** in der   **j)** Auf den (Auf die)   **k)** in die · in den (auf den)

21. a) A   **b)** B   **c)** C   **d)** B   **e)** B   **f)** C   **g)** A   **h)** B   **i)** B   **j)** C   **k)** B

22. *Lieber Johannes,*
seit einer Woche bin ich nun schon mit meinem
Zelt am Bodensee. Ich finde es hier phantastisch.
Den ganzen Tag haben wir Sonne, und ich kann
stundenlang wandern. Die Berge sind herrlich.
Nur du fehlst mir, sonst ist alles prima. Bis nächste
Woche!
Ganz herzliche Grüße
Katrin